TEA BLENDING GARDENER

티 블렌딩 정원사

글·박세미, 김태은

KTMA
BOOKS

,

이제······.
나도 차를 마시고 싶다.

茶

PROLOGUE

박세미 티 마스터

항상 분주하고 무언가에 쫓기듯 살았던 터라 늘 마음 한편에 '나만의 정원에서 여유롭게 차 한잔하는 시간이 있다면 얼마나 좋을까'하는 바람이 있었습니다.

해도 해도 끝이 안 보이는 주어진 일들을 어느 정도 해치우고 나면 저 자신에게 주는 보상이 바로 '차 마시는 시간'이었습니다. 그래서 너무 바빠서 차 한잔 못 한 채 밤이 되면 왠지 오늘 하루를 헛되게 살았다는 생각이 들기도 했습니다. 그렇게, 잘 쉬기 위해 차를 배우고 마셨습니다.
다양한 차의 세계를 온몸으로 체험하며 이 거대한 자연이 주는 선물들을 일상생활에서도 더 다양하게 누리고 싶었습니다. 식물의 원시적 에너지를 제대로 알고 나만의 차로 블렌딩 한다면 진정한 쉼을 얻을 수 있을 것 같았습니다.

자연 속에서 구한 블렌딩 재료로 새로운 티를 창조해 본다면 삶의 또 다른 즐거움이 되고, 나의 몸에 온전히 귀 기울일 수 있는 방법이 되지 않을까?

어느덧 저는 티 블렌딩을 진정한 쉼에 다가가는 확장된 영역으로 여기고 도전하게 되었습니다. 하지만, 식물의 세계는 방대한 우주 같아서 자신의 몸과 심리적 상태에 딱 맞는 티를 고르는 것은 결코 쉬운 일이 아니었습니다. 더군다나 이런 부분을 교육을 해주는 곳을 어디에서도 찾기 어려웠고요.

비밀스럽고 불모지 같은 맞춤형 목적별 티 블렌딩 분야에 '한국티마스터협회(Tea Master Association of Korea)'가 세워지고 이사님들과 함께 오랜 시간 한국 꽃차와 허브들을 연구하고 교육하면서, 다양한 사례의 데이터를 쌓을 수 있었습니다. 축척의 시간이 응축된 결과물로 비로소 이 책이 나오게 되어 무척 영광스럽고 감사하게 생각합니다.

이 책에는 영화 <리틀 포레스트>처럼, 한국에서 나고 자라는 꽃들과 허브들, 그리고 해외의 향신료들과 차들을 블렌딩 해서 우리의 상황과 필요에 맞는 '블렌딩 티 레시피'를 담았습니다.
엄마의 밥상처럼 끼니마다, 쉼이 필요한 시간마다, 나에게 맞는 블렌딩 티가 함께 한다면, 모든 일상의 순간에 나만의 작은 정원이 펼쳐질 것입니다. 더욱 많은 분이 공감하면서 읽을 수 있도록 티 레시피는 에세이처럼 풀어 써 내려갔습니다. 차를 시작한 계기부터 특별한 허브들과 만나게 된 에피소드, 어떤 의도로 블렌딩 티를 만들어 마시고 있는지를 담았습니다.

'차'하면 심신의 안정을 위해서나 공예적 측면으로 다기(찻잔이나 티포트 등 차를 마시기 위한 여러 기물들)에 관한 이야기를 많이 하지만 이제는 '차'가 우리 일상 속에서 더욱 친숙히 스며들 수 있도록 블렌딩의 묘미를 소개해야 할 때가 된 것 같습니다.

무엇보다 함께 뜻을 같이하는 중의학 박사 김태은 원장님과 함께 이 책을 쓰게 되어 무척 기쁩니다. 뒤편에 실린 김태은 원장님의 <허브 도감>이 티 블렌딩 원재료들의 효능과 특징을 바르게 알리는 길잡이가 되길 바랍니다. 바쁜 일상 속에서도 <리틀 포레스트>와 같이 조용한 시간을 보내며 차 한잔을 즐기는 이 행복이 이 책을 읽는 분들에게도 전해지고 함께 누리게 되길.

"수고하고 무거운 짐진 자들아 다 내게로 오라 내가 너희를 쉬게 하리라 나는 마음이 온유하고 겸손하니 나의 멍에를 메고 내게 배우라 그리하면 너희 마음이 쉼을 얻으리니 이는 내 멍에는 쉽고 내 짐은 가벼움이라 하시니라"(마 11:28-30)

수고하고 무거운 짐을 진 모든 이들에게 이 책을 바칩니다.
주님 안에서 진정한 쉼을 차와 함께 발견해 나가시길 간절히 바라며…….

2024년 9월의 어느 날

PROLOGUE

차와 허브가 빚어내는
신비로운 세상

김태은 중의학 박사 · 허브도감 저자

차를 마시는 시간은 오롯이 나와 마주하는 귀한 시간입니다. 그 시간은 내면의 소리에 귀 기울이며 나 자신과 마주하는 특별한 시간입니다. 우리는 타인을 위해 보내는 시간에는 굉장히 너그럽지만 정작 나 자신에게 내어주는 시간에는 지나치게 인색합니다. 그렇기에 매일 하루 30분, 오롯이 나를 위한 시간을 가지시길 권합니다. 이 시간만큼은 차를 눈으로 보고, 향을 맡고, 맛을 느끼며 몸과 마음이 쉬어감을 느낄 수 있는 시간으로 만들어 가기를 바랍니다.

저는 중국에서 20여 년간 생활하면서 자연스럽게 차와 가까워졌습니다. 중국의 다양한 차와 차 문화를 경험하며, 차가 단순히 목을 축이는 음료가 아닌 몸과 마음을 치유하는 존재이자, 문화라는 사실을 체감했습니다. 어릴 적 외할머니께서 민간요법으로 약이 되는 꽃이나 뿌리로 차를 달여주시던 경험이 제 안에 쌓이고 동기부여가 되어, 저를 중의학과 차 연구의 길로 이끌게 되었다는 걸 깨닫게 되었습니다.

차와 허브에 대한 저의 관심은 담양의 고즈넉한 시골 마을, 명옥헌 앞자락에 자리한 '무돌산방'에서 시작되었습니다. 사시사철 약이 되는 꽃들로 가득한 부모님의 정원은 제게 차와 허브에 대한 호기심을 심어주었습니다. 그 꽃들이 한철이 지나 시들어가는 모습을 안타까워하시던 부모님을 보며, 저는 그 아름다움을 차로 만들어 오래도록 보고 느끼고 마시며, 건강하게 즐길 수 있는 방법을 고민하게 되었습니다. 그리하여 탄생한 꽃차는 주변 사람들에게 큰 호응을 얻었고, 저는 차를 통해 사람들에게 기쁨과 건강을 선사할 수 있다는 확신을 갖게 되었습니다.

중의학을 전공한 저는 병원에서 환자들을 마주할 때마다 한 가지 의문이 들었습니다. '왜 꼭 약으로만 병을 고쳐야 할까? 사람들은 약에 의존하기보다 일상에서 자연스럽게 건강을 챙길 수 있으면 더 좋지 않을까?' 그래서 저는 환자들이 병원에 와서 상담을 하고 진맥을 할 때면 남들과는 조금 다른 차별화된 방법으로 진료를 하고 있습니다. 진맥 후 환자의 체질이나 몸에 맞는 차나 음식을 추천하며, 일상 속에서 건강을 지키는 방법을 제안하기 시작했지요. 이렇듯 저는 약 대신 '약이 되는 차', '내 몸에 도움이 되는 차'를 통해 현대인들이 쉽게 건강을 챙길 수 있는 습관을 만들도록 돕고자 합니다.

저는 '마시면서도 기분 좋아지는 차(茶)'를 통해 꽃차를 이용한 티 블렌딩의 대중화를 꿈꿔오고 있습니다.

자연 속에서 자란 허브는 저마다의 고유한 맛과 향을 지니고 있습니다. 그리고 그 허브들이 어우러져 새로운 맛과 향을 만들어내는 과정은 마치 자연의 신비로움을 축복하는 의식과도 같습니다. 이 책을 통해 저는 차와 허브가 빚어내는 신비로운 세상을 독자들과 나누고 싶습니다.

'藥食同原(약식동원)'이라는 말처럼, 음식과 약은 같은 근원을 지닙니다. 음식으로 고치지 못하는 병은 그 무엇으로도 고칠 수 없다는 말이 있듯, 건강은 일상의 습관에서 시작됩니다. 모든 사람이 약을 먹을 필요는 없지만, 모두가 차를 마시며 건강을 챙길 수는 있습니다. 저는 몸과 마음을 편안하게 만들어 주는 차와 허브티 블렌딩을 통해 자연 치유의 길을 제시하고자 합니다.

이 책은 단순히 차를 마시는 방법을 넘어서, 차를 통해 나를 돌아보고,

자연의 힘으로 건강을 되찾는 길을 제시합니다. 차 한 잔 속에서 자연의 아름다움과 치유의 힘을 발견하고, 그 소박한 기쁨을 일상에서 함께 누리기를 바랍니다.

코로나 시대 이후 우리의 삶의 패턴은 급격히 변화했습니다. 쉼 없이 달리던 우리는 이제 멈춤의 가치를 깨달았습니다. 잠시 멈추어 나를 돌보고, 차 한 잔으로 마음을 채우는 시간. 이 시간이야말로 우리에게 필요했던 진정한 휴식이 아닐까요?

'Slow and Steady(슬로우 앤 스테디)'라는 철학 속에서, 자신을 위한 티 타임과 함께 고요한 시간 속에서 몸과 마음의 건강을 회복할 시간을 갖길 바라봅니다.

향기로운 찻자리를 꿈꾸며….

CONTENTS

10 · PROLOGUE

Part 1 티 블렌딩(Tea Blending)이란 무엇인가? _23

24 · 목적별 블렌딩 | 25 · 커스텀 블렌딩 | 26 · 티 블렌더로서 필요한 기술
30 · Classic Tea Blending 유형들

Part 2 티 블렌딩에 필요한 기본 재료 이해 _35

37 · 차란 무엇인가? | 38 · 차의 분류
39 · 블렌딩 티에 사용되는 5대 다류 ：녹차 | 백차 | 청차 | 홍차 | 흑차
50 · 허브란 무엇인가? | 54 · 착향료 | 57 · 티 플레이버 · 아로마
64 · 향미 프로파일 | 66 · 목적별 티 블렌딩 순서
68 · 티 블렌딩을 위한 도구 | 70 · 블렌딩 티 최종 보관과 포장

Part 3　블렌딩 티 어떻게 마실까?　_73

75·차를 맛있게 마시는 방법

78·부록 | 계절에 맞는 블렌딩 티

　　여름철 열기를 내려주고 갈증 해소를 돕는 차 _79

　　겨울철 몸을 따뜻하게 해주고 면역력에 좋은 차 _84

Part 4　블렌딩 티 테라피 레시피　_89

91·계절의 흐름을 느끼는 차 한잔

　　92·봄날 오후의 활력 Spring Vital Tea
　　96·봄의 정원 K-Garden Tea
　　100·색다른 장미 블렌딩 티 The Rose of May
　　104·여름철 산책을 위한 블렌딩 티 Summer Garden Tea
　　106·연꽃향을 품은 블렌딩 티 White Lotus Tea
　　108·몸의 열기를 식혀주는 블렌딩 티 Cool Down Tea
　　112·스리랑카의 풍광을 담은 블렌딩 티 Champagne Rose Tea
　　116·가을밤에 어울리는 블렌딩 티 Autumn Night Tea
　　120·감기 예방을 위한 블렌딩 티 November Spice Tea
　　122·수족냉증을 위한 블렌딩 티 Heart Warming tea
　　124·추위를 이겨내는 차이 블렌딩 티 Winter Chai Tea

127 · 건강을 지키는 차 한잔

128 · 눈 건강에 도움이 되는 블렌딩 티 Eye Bright Tea
130 · 비염에 도움이 되는 블렌딩 티 Just Breathe Tea
134 · 기관지에 도움이 되는 블렌딩 티 Cough Drop Tea
136 · 숙취 해소에 도움이 되는 블렌딩 티 Hangover Cure Tea
138 · 역류성 식도염에 도움이 되는 블렌딩 티 Relax Support Tea
140 · 두통에 도움이 되는 블렌딩 티 Mind Spring Tea
144 · 체지방 분해에 도움이 되는 블렌딩 티 Slim Form Tea
148 · 신진대사에 도움이 되는 블렌딩 티 Strengthen Tea
151 · 소화에 도움이 되는 블렌딩 티 Digestion Tea
154 · 생리통에 도움이 되는 블렌딩 티 Menstrual Care Tea
158 · 갱년기에 도움이 되는 블렌딩 티 I See Tea
160 · 모유 수유에 좋은 블렌딩 티 Nursing Mama Tea
162 · 촉촉한 피부를 위한 블렌딩 티 Beauty Tea
166 · 편안히 잠들고 싶을 때 Deep Sleep Tea
169 · 스트레스 풀고 싶을 때 Refresh Tonic Tea
172 · 기분전환에 좋은 블렌딩 티 Mood Change Tea
174 · 집중력을 높이고 싶을 때 Concentration Tea
176 · 당뇨 예방에 도움이 되는 블렌딩 티 Blood Care Tea
180 · 휴식을 누리고 싶을 때 Take a Break Tea
182 · 멘탈 관리를 위한 블렌딩 티 Mental Treatment Tea
186 · 스틱 꽃차 블렌딩 티 Flower Stick Tea

Part 5  허브 도감 by 김태은 _195

196 · 감잎 | 197 · 감초 | 198 · 구기자 | 199 · 구절초 | 200 · 국화 | 201 · 귤피

202 · 도라지 | 203 · 라벤더 | 204 · 라즈베리 잎 | 205 · 레몬 머틀 | 206 · 레몬 버베나

207 · 레몬그라스 | 208 · 레몬밤 | 209 · 로즈힙 | 210 · 루이보스 | 211 · 마테

212 · 매화 | 213 · 맨드라미 | 214 · 머위 | 215 · 메리골드 | 216 · 모링가 | 217 · 목련

218 · 민들레 뿌리 | 219 · 블루베리 잎 | 220 · 뽕잎 | 221 · 생강 | 222 · 생강나무꽃

223 · 스테비아 | 224 · 스피어민트 | 225 · 실론 시나몬 | 226 · 쑥 | 227 · 연잎

228 · 오렌지필 | 229 · 오미자 | 230 · 우엉 | 231 · 자색고구마 | 232 · 장미

233 · 정향 | 234 · 중국 계피 | 235 · 차수국 | 236 · 카르다몸 | 237 · 캐모마일

238 · 코리앤더 씨 | 239 · 페퍼민트 | 240 · 펜넬 | 241 · 해당화 | 242 · 허니부쉬

243 · 현미 | 244 · 호박 | 245 · 히비스커스

247 · THANKS TO…

Part 1
티 블렌딩(Tea Blending)이란 무엇인가?

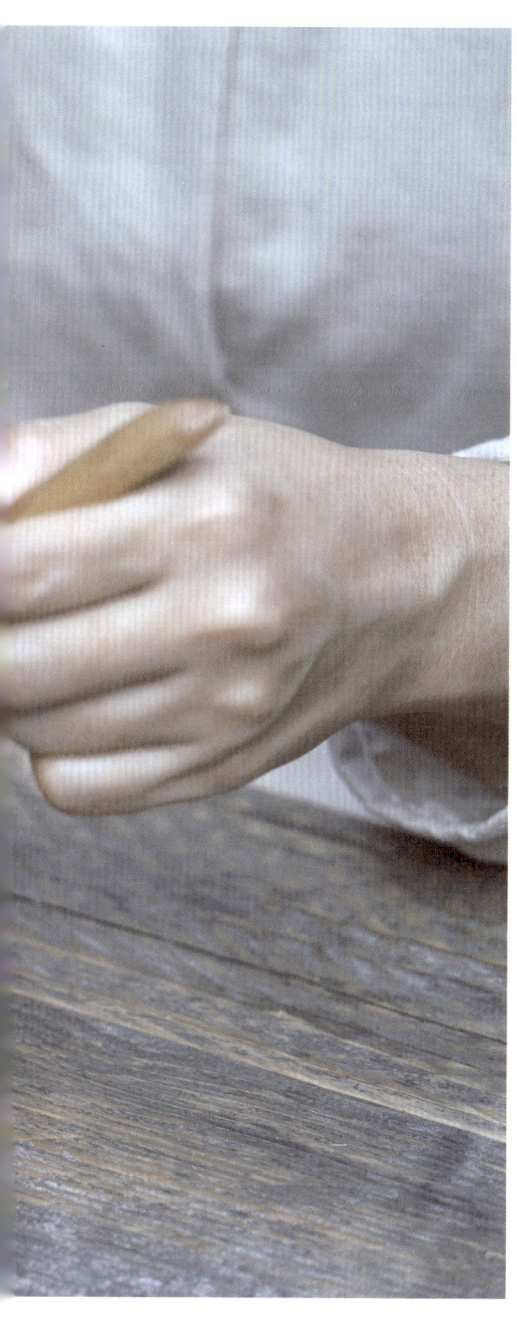

티 블렌딩(Tea Blending)이란 무엇인가?

티 블렌딩이란 서로 다른 종류의 차를 섞어 새로운 혼합 차를 만들어내는 것을 말한다. 각각의 재료들을 섞어 다양한 음식을 만드는 것처럼, 티도 다양한 재료들을 섞어 새로운 차를 창조하는 것이다.

목적별 블렌딩 Blending by Purpose

목적별 블렌딩은 차를 마시는 고객이 일상생활 속에서 개선하고 싶은 문제들을 고려하여 마시는 기능성 티 블렌딩이라 할 수 있다.

예를 들면 '역류성 식도염' 개선을 위해서, '불면증' 개선을 위해서 등이다. 일상생활 속에서 자기 몸 상태에 따라, 증상별 목적에 맞는 티 블렌딩을 하는 것이다. 허브차는 한 종류만으로도 효과를 낼 수 있지만, 비슷한 성질의 허브와 어울리는 향미로 블렌딩 한다면 각각의 목적에 맞는 효과를 극대화하고 다양한 맛의 변화를 즐길 수 있다.

여기서 기억해야 할 것은 차를 약으로 마신다는 관점보다는 일상생활 속에서 건강한 차를 마신다는 '티 라이프 Tea Life'적인 관점으로 봐야 한다는 것이다. 본 책에서는 다양한 목적별 티 블렌딩 레시피를 소개하고 있다. 참고하여 일상생활 속에서 건강하고 아름다운 티 라이프에 도전해 보길 바란다.

커스텀 블렌딩 Custom Blending

나만의 티 블렌딩으로 고객이 원하는 향미와 취향을 반영한 '(고객) 맞춤형 티 블렌딩'이다.
먼저 고객이 어떤 목적의 블렌딩 티를 원하는지 알고, 목적에 맞는 차들을 시향 혹은 시음하게 해서 고객이 원하는 차를 고르면 최적의 비율로 블렌딩 해주는 것이다. 고객이 맛을 보고 보완해야 할 부분이 있다면 수정해서 고객만의 레시피로 나가는 티 블렌딩이다. 단 한 분만의 레시피로 나가기 때문에 모든 고객의 레시피가 다르다는 점이 매력적이고 흥미를 끈다.
이 분야는 앞으로 차 시장에서 크게 성장할 분야이다. 차를 마시는 이유도, 정서적인 만족감도 모두 충족된 블렌딩 티로 고객에게 큰 사랑을 받기 때문이다. 본 저자는 이 분야에 다양한 경험과 데이터를 축적해 왔다. 그동안 많은 고객을 만나 그들이 원하는 티 블렌딩을 창조해 왔고, 그 노하우를 바탕으로 수많은 제자를 양성해 오고 있다.
이왕 티 블렌더가 된다면 '커스텀 티 블렌더'가 되길 바란다. 고객에게 차를 마셔야 하는 이유와 정서적 공감을 위해 애쓰지 않아도 된다. '한 사람'만을 위한 차이기에 고객이 계속 찾게 될 테니까 말이다.

티 블렌더로서 필요한 기술

1. 맛을 낼 수 있는 재료를 아는 것이 중요하다.

6대 다류에 대한 지식은 물론, 다양한 허브차와 향신료 꽃차, 과일 등 티의 재료가 될 수 있는 모든 재료의 특성과 효능 맛 향미 등에 대한 방대한 사전 지식이 필수다.
단순히 '재료를 섞는 것'이 아닌 차의 효능과 맛, 향, 색 등 모든 것을 숙지하고 있어야 한다.

2. 차를 선택하는 기준과 차 보관 관리 능력

티 블렌더는 동시에 차 구매자이기도 하다. 일정한 티 블렌딩 맛을 위해 구입처 선택과 관리 능력이 필요하다.
고급 싱글 오리진(single origin)의 비싼 찻잎은 티 블렌딩의 재료로 적합하지 않다. 그 차 자체로 마셔도 훌륭하고 귀하기 때문이다. 그렇다고 너무 저가의 티를 구매하는 것도 좋지 않다. 다른 재료들의 섬세한 맛과 향을 해칠 수 있기에 구매 단가, 맛과 향을 고려해 생산량을 예측하고 선택해야 한다. 제품화를 해 대량 생산을 한다면, 정식 통관된 해외 생산 티를 구매하고, 국산 원재료의 경우는 직접 생산 농가를 방문하여 안정성과 지속성을 조사해 보는 것이 중요하다.
차를 보관할 때는 습기가 없고 직사광선이 없는 곳이 중요하다. 기본적으로 차는 주변의 모든 향을 빨아들인다. 따라서 상온에서 단독으로 보관해야 한다(습기와 햇빛을 피한 상온 보관).
가끔 제주도나 산, 바다 근처에서 티룸을 하시는 분들을 만나는데, 차를 보관하는 문제로 애를 먹는 경우가 있다. 주변 지역에 습기가 많으면 차를 관리할 때, 실링을 철저히 해서 보관할 것을 추천한다. 차를 개봉할 때마다 습기를 체크하고, 실링을 꼼꼼하게 해준다면 차의 맛과 향을 오랫동안 즐길 수 있다.
꽃잎은 1년이 지나면 색이 바랜다. 꽃잎은 되도록 암막을 쳐서 빛에 직접적으로 노출되지 않게 보관한다. 카카오, 견과류, 과일 말린 것, 달콤한 향이 나는 재료들은 특히 보관에 유의해야 한다. 벌레가 쉽게 생길 수 있기 때문이다. 차에 '실리카 젤(제습제)'을 넣어 보관하거나 식품 건조기나 차 덖음용 로스팅기 등을 수시로 사용해 관리한다.

3. 차의 향미를 분석할 줄 알아야 한다.

티 블렌딩은 주재료가 정해지면, 부재료는 주재료의 부족한 맛을 채워주고, 주재료의 맛을 배가시킬 수 있는 것으로 선택해야 한다. 그렇게 하기 위해선 주인공 베이스의 향미를 분석하는 것이 중요하다. 베이스의 향미와 비슷한 부재료의 조합으로 베이스의 장점을 극대화할 것인지, 베이스의 향미와 정반대되는 부재료의 조합으로 베이스의 단점을 커버하고 전혀 새로운 맛을 창출할 것인지 결정해야 한다.

Bad	히비스커스 + 녹차	녹차의 맛과 향이 완전히 무너진다.
Good	히비스커스 + 로즈힙	히비스커스의 구연산이 로즈힙의 비타민C 흡수를 돕는다.
베이스의 장점을 부각한 블렌딩		
Good	녹차 + 현미	많은 사람이 친숙하게 마시는 현미 녹차는 주재료인 녹차의 고소함을 배가시킨 블렌딩이다.
베이스의 단점을 커버한 블렌딩		
Good	녹차 + 민트 + 설탕	'모로칸 민트 티 Moroccan Mint Tea'로 불리는 블렌딩으로 주재료인 녹차의 떫은맛을 설탕과 민트로 커버해준다.

기본적인 재료에 대한 이해가 완벽하게 되어 있어야만 A와 B가 어울리고, A의 부족한 단맛을 C라는 단향을 가진 허브로 채워줄 수 있다는 개념을 떠올릴 수 있다.

4. 맛, 향, 색의 균형을 맞춰야 한다.

균형을 맞춘다는 것은, 각기 다른 재료들이 어느 것 하나 튀지 않고, 주재료를 중심으로 조화를 이룬다는 것이다. 각 원료의 특징을 파악해서 장점은 극대화하고, 부족한 부분은 서로 채워주어 전체적으로 원료끼리의 시너지 효과를 일으키고 향미의 조화를 이루게 하는 것이다.

한 예로, 방향성(芳香性) 재료가 너무 강해 주인공 베이스 티의 특성을 압도한다면 균형이 맞지 않는 블렌딩이 된다. 균형이란 주인공 베이스 티의 특성을 능가하지 않으면서도, 새롭게 맛과 향을 창조하는 조화로운 비율이라 할 수 있다.

5. 개인적 의견을 지양해야 한다.

내가 좋아하는 것, 혹은 싫어하는 것에 대한 과도한 집착은 다양한 블렌딩을 막는다. 개인의 취향은 천차만별이기 때문이다. 블렌딩 티를 연구할 때는 사견을 떠나 최대한 많은 종류를, 다양한 방법으로 접해야 한다.
하지만 처음 블렌딩을 연습할 때는 자신의 취향에 맞게 블렌딩을 해보는 것을 추천한다. 스스로 클라이언트가 되어 자신에게 맞는 티를 선별하고 블렌딩해서 만족한 결과를 얻음으로써 자신의 블렌딩 티를 분석하고, 티 라이프 스타일을 지속할 수 있기 때문이다.
티 블렌딩은 온전히 주관적이며, 각각의 라이프 스타일의 반영이라 할 수 있다. 자신을 위한 티 블렌딩에 온전히 만족한 후, 다른 사람을 위한 블렌딩 티를 만들 수 있도록 지속해서 훈련한다면 조화로운 티 블렌더가 될 수 있다.

Classic Tea Blending 유형들

블렌디드 티(Blended Tea)
: 주재료(찻잎)+주재료(찻잎)

찻잎만으로 블렌딩한 차로 대표적으로 '잉글리시 브렉퍼스트(English Breakfast)'가 있다. 잉글리시 브렉퍼스트는 영국인들의 아침을 깨우는 티로 붙여진 이름이다. 티 브랜드 회사마다 잉글리시 브렉퍼스트가 있지만, 레시피는 다 다르다. 홍차의 찻잎이 해마다 기후, 강수량 등의 영향을 받으면서 다양한 차이가 생기기 때문이다. 각 회사의 티 블렌더들이 매년 몇백 잔씩 시음하며 시그니처 스타일에 맞춰 한결같은 맛과 향을 내도록 블렌딩해 내놓는다.

가미차(Flavored Tea 플레이버드 티)
: 주재료(찻잎)+간접 착향

찻잎에 꽃향이나 과일향을 가미한 것인데 차에 다양한 에센셜 오일을 착향하여 만든다.
대표적으로 '얼그레이(Earl Grey)'가 있다. 19세기 영국의 찰스 그레이(Charles Grey, 1764~1845) 백작이 중국의 '정산소종'과 비슷한 차를 만들어달라고 차가게에 요청했다. 차에서 나는 특이한 향을 감귤계 식물인 '베르가모트 향'으로 착각하여 만든 차이다. 따라서 전통적인 얼그레이는 중국 홍차 베이스에 베르가모트 향을 착향해 만든다.

가향차(Scented Tea)
: 주재료(찻잎)+간접 착향

찻잎에 향이 진한 꽃이나 허브, 과일들을 넣어 오랜 시간 동안 차를 숙성시키는 방법이다.
대표적인 차로 '재스민 티(Jasmin Tea)'를 들 수 있다. 중국의 전통적인 재스민 티는 녹차에 재스민꽃을 넣어 찻잎에 향이 스미도록 여러 차례 꽃잎을 갈아주며 만든다. 중국에서는 이를 '음화'과정이라 부른다. 음화에서 '음(窨)'은 저장하였다는 뜻으로 차에 꽃향기가 자연스럽게 저장되게 만드는 방법이다. 물론 차에 재스민꽃을 넣어 음용하기도 한다.

훈연차(Smoked Tea)
: 주재료(찻잎)+간접 훈연향 or 주재료(찻잎)+주재료(찻잎)+간접 훈연향

베이컨이나 훈제 연어를 만드는 것처럼 찻잎에 훈연향을 입히는 방법이다. 대표적으로 홍차의 원조, 세계 최초의 홍차로 알려진 '정산소종(正山小種)'이 있다. 소나무 연기가 밴 홍차로 스모키한 향이 물씬 풍겨서 비가 오거나 회색빛으로 잔뜩 찌푸린 날 마시면 더욱 향이 살아나는 차이다.

블랙 차이(Black Chai)
: 주재료(찻잎)+향신료

남아시아 지역의 차 음료로 찻잎에 각종 향신료를 넣어 블렌딩한다. 주로 우유와 설탕을 넣어 끓여 마시는 차이 밀크티 베이스로 많이 알려져 있다. 프랜차이즈 카페에서 '차이티 라떼'로 유명하기도 하다. 향신료는 시나몬, 생강, 카르다몸, 블랙 페퍼, 클로브, 넛맥 등 다양하게 선택하여 넣는다.

Part 2

블렌딩 티에 필요한 기본 재료 이해

차(茶)란 무엇인가?

차는 산다화과(山茶花科)에 속하는 상록 관엽수로 차나무의 학명은 '카멜리아 시넨시스(Camellia Sinensis)'다. 차나무의 어린잎을 가공하여 만든 기호식품으로 끓이거나, 우리거나, 가루로 만들어 물에 타거나, 거품을 내어 마신다.

대용차(代用茶, Infusion, Tisane)란 무엇인가?

대용차란 찻잎을 제외한 다양한 식물의 꽃, 나무껍질, 열매, 잎사귀, 뿌리 등을 이용하여 만든 음료를 지칭하며, 허브차라고도 한다.

차의 분류

6대 다류 - 백차, 녹차, 청차(우롱차), 홍차, 황차, 흑차(보이차)
차는 생산방식(산화 여부, 산화 정도, 발효 여부)에 따라 6대 다류로 나눠진다. 이중 황차는 생산량이 적어 구매하기 어려운 점이 있다. 그래서 주로 5대 다류로 블렌딩 한다.

블렌딩 티에 사용되는 5대 다류(황차 제외)

1. 녹차 綠茶 Green Tea

녹차란 가열에 의해(살청으로 증청 또는 초청) 찻잎의 산화효소가 산화되는 것을 억제해 성분의 산화를 막고 녹색과 성분을 그대로 유지한 '비산화차'이다. 전 세계적으로 녹차 생산의 중심이 되는 나라는 한국, 일본, 중국이 있다. 나라마다 제다방식(생산방식)이 달라 다른 맛과 향이 연출된다.

한국은 솥으로 찻잎을 덖어서 생산하는 초청 방식을, 일본은 증기로 쪄서 생산하는 증청 방식을, 중국은 초청 또는 홍청 방식으로 다양하게 차를 생산하고 있다.

| 제다 과정

① 선엽(채엽) → ② 살청 → ③ 유념 → ④ 건조

1. 선엽(채엽) : 잎을 골라낸다. 잎을 채집한다. 차를 만들기 위해 찻잎을 따는 공정
2. 살청 : 채취된 신선한 찻잎을 고온으로 가열하여 찻잎 중에 산화효소의 기능을 상실시켜 산화가 일어나지 않도록 하여 녹색을 유지하면서 수분을 제거하는 공정
3. 유념 : 찻잎의 반복적 비비기를 통해 찻잎 표면의 수분과 내부 수분의 함량을 제거함과 동시에 찻잎 세포조직을 적당히 파괴해 차 맛이 잘 우러나게 하기 위한 공정
4. 건조 : 수분 함량이 3~6%가 되게끔 말리는 공정

티 블렌딩에서 녹차

녹차는 우리는 온도가 중요하다. 물 온도가 적당히 낮아야 맛있다. 반면 부재료 대부분은 끓는점이 높아야 잘 우러나 온도조절 스킬이 필요하다. 그래서 녹차와 블렌딩 할 때는 단맛을 내주는 부재료들을 선택해서 쓴맛을 커버해 주는 것이 중요하다. 녹차는 풀향과 깔끔하고 상쾌한 향을 지니고 있고, 다른 차와 비교했을 때 카페인 함량이 낮은 편이며 항산화 성분이 풍부한 장점이 있다. 이런 장점을 최대한 끌어 올려주고 싶을 땐, 시트러스한 과일과 블렌딩 하면 더욱 상쾌한 맛을 상승시킬 수 있다. 또한, 향신료를 더하면 개성 있는 맛의 창출로 신선한 자극이 될 수 있으며, 고소한 맛을 더욱 부각하고 싶다면 곡물류들과 함께 블렌딩할 것을 추천한다.

2. 백차 白茶 White Tea

백차는 열을 가해 산화효소 작용을 멈추는 '살청'과 찻잎을 비벼 세포조직을 파괴하는 '유념'의 공정이 없이, 찻잎을 가볍게 산화시킨 후 건조한 차를 말한다. 가공과정이 가장 최소화된 차라고 할 수 있다. 찻잎에 흰 솜털이 많이 남아있어 백차라 불리게 됐다. 산화도는 보통 10% 안팎으로, '약산화차'라고도 한다.

| 제다 과정

① 선엽(채엽) → ② 위조 → ③ 자연건조 → ④ 혹은 홍배

1. 선엽(채엽) : 잎을 골라낸다. 잎을 채집한다. 차를 만들기 위해 찻잎을 따는 공정
2. 위조 : 잎을 시들게 하는 것. 태양을 쐬어 시들게 하는 일광 위조와 실내에서 시들게 하는 실내 위조가 있다.
3. 자연건조 : 햇볕에 그대로 노출 시켜 말리는 공정
4. 홍배 : 죽롱(대바구니) 등에 찻잎을 넣고 저온에서 천천히 수분을 제거하여 건조하는 방법

티 블렌딩에서 백차

백차는 가볍고 상쾌한 향과 맛을 가지고 있다. 블렌딩 할 때 이러한 특징을 유지하고 강조해야 한다. 그래서 백차 블렌딩이 가장 어렵기도 하다. 향신료나 강한 맛을 가진 재료와 블렌딩 하면 백차의 특징이 무너질 수 있기에 섬세하게 신경 써야 한다. 백차의 특징을 잘 살리면서도 다른 재료와의 조화를 이루도록 해야 하는 것이다.

백차는 차가운 성질을 가지고 있어 특히 여름이나 아토피가 있는 사람들에게 좋다. 그래서 주로 시원한 여름 차나 화사한 소재의 블렌딩을 할 때 어울린다. 부재료는 주로 화사한 봄꽃과 신맛이 과하지 않는 시트러스 계열의 재료들을 선택한다.

3. 청차 靑茶 Blue Tea

청차는 산화도가 15~70%인 '반산화차'다. 청차는 녹차 제다법과 홍차 제다법의 장점을 두루 사용한 것이라 할 수 있다. 산화 정도를 중간 정도로 하여 녹차에서 느낄 수 있는 산뜻한 향과 홍차에서 느낄 수 있는 독특한 풍미를 함께 즐길 수 있는 차이다.

청차와 우롱차를 같은 말로 생각하는 사람들이 많은데, 본래 우롱차는 '오룡 烏龍' 품종의 찻잎으로 만든 청차를 말한다. 하지만 우롱차가 워낙 세계적으로 유명해지면서 청차의 대명사로 우롱차가 사용되기도 한다.

| 제다 과정

① 선엽(채엽) → ② 위조(양청, 쇄청 포함) → ③ 주청(요청, 정치 포함) → ④ 살청 → ⑤ 유념 → ⑥ 홍배 → ⑦ 건조

1. 선엽(채엽)
2. 위조 : 잎을 시들게 하는 것. 태양을 쐬어 시들게 하는 일광 위조와 실내에서 시들게 하는 실내 위조가 있다.
   - 양청 : 통풍이 잘되는 서늘한 실내에서 자연스럽게 위조시키는 법
   - 쇄청 : 햇볕에서 위조시키는 법
3. 주청 : 찻잎과 찻잎을 서로 부딪치게 하여 찻잎에 생채기를 내는 것으로 청차의 향기를 내는 가장 중요한 공정이다. 이때 잎 가장자리의 세포조직이 파괴되면서 효소의 촉매작용으로 인해 '폴리페놀 산화효소'와 같은 향기 성분의 형성이 활발히 이루어져 청차의 독특한 맛과 향을 나게 한다.
   - 요청 : 찻잎을 가볍게 흔드는 것. 찻잎에 잔 상처를 내어 산화가 천천히 되게 하고, 향이 우러나기 쉽게 해준다.
   - 정치 : 실내 위조의 연속되는 과정으로 찻잎을 쌓아두는 것
4. 살청
5. 유념

6. 홍배 : 열을 가해서 수분을 없애면서, 찻잎을 건조하는 공정
7. 건조

티 블렌딩에서 청차

청차는 가공법에 따라 청향과 농향으로 나눠진다. 청향은 녹차처럼 초록빛의 맑은 수색과 가벼운 꽃향기가 특징이다. 농향은 진한 갈색의 수색과 깊은 맛, 과일향이나 꿀향이 난다. 티 블렌딩을 할 때 이를 잘 구분해 선택하는 것이 중요하다.

청차의 블렌딩으로는 대표적으로 '밀키 우롱'이 있다. 청향 청차에 우유향을 입혀서 나온 블렌딩이다. 대만의 '아리산 금훤(阿里山 金萱)'이 원조인데, 찻잎에서 나는 자연스러운 우유향을 모방하여 만든 블렌딩이다.

중국 청차 중 대홍포, 육계 등은 특유의 개성이 강해 싱글 티로 마시는 것 추천한다. 티 블렌딩에서 청차는 청향을 많이 사용한다. 원하는 맛을 표현하기에 하얀 도화지 같이 잘 받쳐주기 때문이다. 주로 과일, 꽃, 잎 허브 등과 모두 잘 어울리고, 끝맛은 청차 특유의 향이 잘 살아나 화사한 주제의 블렌딩을 할 때 선택한다.

청차는 체지방을 분해하여 신진대사를 촉진해 다이어트에 도움이 된다고 알려져 있다. 그러나 카페인 함량이 많아 주의가 필요하다.

4. 홍차 紅茶 Black Tea

홍차는 산화도가 80% 이상인 차로 떫은맛이 강하고 색깔은 진한 홍색이며 100% 산화시킨 '산화차'이다. 홍차는 전 세계 차 소비량의 70~80%를 차지한다.

중국을 포함하여 인도, 스리랑카, 케냐, 인도네시아 등이 주요 산지이고 영국과 러시아, 영연방국가들이 주요 소비 국가들이다.

| 제다 과정

① 선엽(채엽) → ② 위조 → ③ 유념 → ④ 발효(산화) → ⑤ 건조

1. 선엽(채엽) : 잎을 골라낸다. 잎을 채집한다. 차를 만들기 위해 찻잎을 따는 공정
2. 위조 : 신선한 찻잎을 고르게 펼쳐 찻잎의 수분을 적당히 증발시키고 찻잎 속의 효소를 활성화 시키는 과정 (전통적인 홍차는 65%, CTC 공정의 홍차는 70%까지 수분감소)
3. 유념 : 찻잎의 세포조직을 파괴해 폴리페놀 산화효소의 반응을 활성화하고 산화가 충분히 일어나도록 하는 공정
4. 산화 : 폴리페놀류에 속하는 여러 성분들(특히 카테킨류)이 산화효소에 의해 산화 반응을 일으키는 과정에서 녹색의 찻잎은 황색과 홍색으로 변한다. 이와 동시에 여러 가지 성분들이 복합적으로 변하며 독특한 향과 맛, 수색을 갖게 된다.
5. 건조 : 수분을 증발시키고 찻잎을 일정한 형태의 품질로 만드는 마무리 과정. 수분은 다 날아가고 5% 이하로 유지됨. 열풍으로 인해 찻잎이 흑갈색으로 변한다.

티 블렌딩에서 홍차

홍차는 맛과 향이 굉장히 풍부하고 깊은 맛을 가지고 있다. 이러한 특징으로 다양한 범위로 블렌딩 티에 활용이 되고 있다.

티 블렌딩에서 홍차를 베이스로 선택할 때는 지역적 특성을 보고 선택하는 것이 중요하다. 인도, 스리랑카, 케냐 등의 홍차는 산화 후 바로 건조를 하기 때문에 한 번만 우려 마신다. 전체적으로 끝맛이 깔끔하고 약간의 산미를 지니고 있어서 다양한 부재료들과 어우러져 색다른 맛과 향을 만들

어 낼 수 있다. 반면에 물의 온도가 높아지면 떫은맛이 강해져 주의해야 한다. 그래서 보완책으로 단향을 넣어주는 것이 중요하다.

반면에 중국, 대만 등의 홍차는 여러 번 우려 마실 수 있고, 스모키한 향이 나기 때문에 개성이 강한 재료를 블렌딩 할 때 선택한다.

전체적으로 홍차는 향신료와도 잘 어울려서, 추운 계절에 마시기 좋은 스파이시한 블렌딩 티에 자주 사용된다. 홍차의 산미는 딸기나 녹진한 베리류의 산미와 닮아 베리류와 잘 어울린다.

6. 흑차 黑茶 Dark Tea

흑차는 중국의 운남성, 사천성, 호남성, 호북성, 광시성 등지에서 생산하는 '후발효차'를 말한다. 찻잎은 대엽종 큰 잎으로 만든다. 찻잎은 흑갈색을 띠고 수색은 갈홍색 또는 갈황색이다. 흑차는 크게 생차와 숙차로 나눠진다. 생차는 자연적으로 발효된 차를 말하며, 숙차는 인위적인 악퇴과정으로 발효를 시키는 차이다. 대표적인 흑차로는 운남성에서 생산되는 '보이차'가 있다.

제조 방식에 따라 청병, 숙병(속성병차)로 나뉜다.

| 제다 과정

● 생차청병

① 선엽(채엽) → ② 선엽 → ③ 살청 → ④ 유념 → ⑤ 1차 건조 → ⑥ 2차 건조 → ⑦ 건조 → ⑧ 선별 → ⑨ 증압성형(병차, 전차, 타차 등) → ⑩ 저장 숙성

청병은 생차 잎차로 만들기 때문에 진화 과정이 매우 느리다. 최소 10년 이상 시간이 경과해야 차의 여러 가지 화합물이 변하여 깊은 향과 좋은 맛을 지니게 된다.

● 숙차청병

① 선엽(채엽) → ② 살청 → ③ 유념 → ④ 건조 → ⑤ 퇴적 → ⑥ 1차 뒤집기 → ⑦ 2차 뒤집기 → ⑧ 3차 뒤집기 → ⑨ 살균처리 → ⑩ 재건조 → ⑪ 선별 → ⑫ 증압성형 → ⑬ 저장 숙성

퇴적에서 3차 뒤집기까지의 공정을 악퇴라고 한다. 쌓아둔 차에 물을 뿌려 수분을 공급해 미생물에 의해 발효되도록 환경을 조성하는 과정으로 내부 온도가 60~70도에 다다르면 차를 뒤집어 미생물의 발효를 촉진시킨다.

1973년 이후 현재까지 중국 대부분의 흑차는 이런 악퇴 과정을 거쳐 생산되고 있다. 흑차의 주원료로 쓰이는 잎들은 크고 거친데 악퇴 과정을 거치면 찻잎이 발효되며 부드러워지며 맛 또한 떫은맛이 없어지게 된다.

티 블렌딩에서 흑차

흑차, 보이차는 블렌딩 할 땐 주로, 보이숙차를 선택해서 한다. 흙향, 가죽향, 목재향, 초콜릿향 등이 풍부하여 향과 맛이 짙은 유자나 모과 등의 시트러스계열과 잘 어울리고, 뿌리차 등과 블렌딩하면 더 깊은 풍미의 묵직함과 부드러움을 느낄 수 있다. 또한, 향신료와도 조합이 좋다.

티 블렌딩의 물의 온도 변수

티 블렌딩을 할 경우 주재료인 베이스 티를 중심으로 물의 온도를 선택해 우려주는 것이 중요하다.

보이차	홍차	우롱차	녹차	백차
100°~95°	98°~90°	95°~85°	90°~85°	90°~80°

선택한 베이스에 따라 블렌딩의 온도 조절 레시피가 나올 수 있다. 가급적이면 보이차는 홍차, 우롱차 정도로 블렌딩 하고 녹차는 백차, 우롱차 정도로 블렌딩 하는 것을 권장한다.
예를 들어 보이차와 백차의 블렌딩은 대체로 권장하지 않는다. 보이차를 중심으로 높은 온도에서 우리면 백차의 섬세한 향과 맛이 무너지기 때문이다. 우롱차는 교차점으로 어디에든 어울리는 특징이 있다.

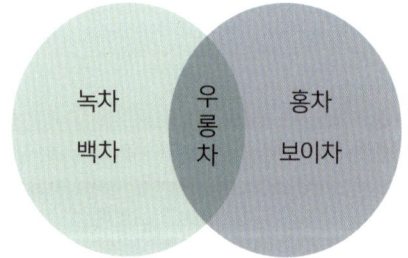

허브란 무엇인가?

허브(Herb)라는 용어는 라틴어로 풀을 의미하는 '허바(Herba)'에서 유래되어 식물 전반을 가리킨다. 특정 식물의 잎, 줄기, 꽃, 뿌리 또는 종자 등을 건조해서 사용하는 것으로, 주로 향기와 맛을 내는 데 다양하게 요리로 사용되고 있을 뿐 아니라 항산화 작용이나 면역력 강화, 소화 개선, 스트레스 완화에 좋은 효능들이 알려지면서 '메디컬 허브(Medical Herb)'로 활용되고 있다.

허브티의 역사

다양한 허브를 사용하여 차로 우려 마시는 허브차는 오랫동안 전통적으로 사용되어온 치료 요법 중의 하나이다. 기원전 3,000년경 메소포타미아 시대에는 향과 치료 목적으로 몰약과 유향과 같은 허브를 사용해 왔고, 기원전 1,700년경 고대 이집트 시대에 쓰인 파피루스 문서에는 알로에, 마늘, 주니퍼 베리 등 약 700종류의 식물에 대한 기록이 있다. 중국 명나라 시대에는 여러 재료들을 섞어 차를 만들어낸 기록도 있다. 또한, 인도의 아유르베다 의학 서적 <리그베다>에는 인도 특유의 식물을 중심으로 1,000여 종의 약용 식물에 대한 기록이 있다.

유럽에서는 17세기 이후로 의약품으로 사용되면서 한층 다양한 맛과 향을 즐기는 차로 자리를 잡게 되었다. 한때 네덜란드와 영국은 허브티를 생산하고 다른 나라와의 무역을 통해 많은 부를 축적하며 세계적인 규모로 국력을 쌓을 수 있었다

20세기의 허브티는 다양한 증상을 덜어 주거나 예방하는 데 도움을 주고 있다. 일반적으로 허브티 요법은 특정 식물의 잎, 꽃, 줄기, 뿌리 등을 건조해 차로 우려내어 마시는 형태로 이루어진다.

몸과 마음을 건강하게 유지하는 방법으로 '싱글 허브티'를 마시기도 하지만 여러 종류의 허브를 섞은 '블렌딩 티'는 허브 성분을 보다 효과적으로 취하면서 다양한 맛의 변화를 즐길 수 있다.

허브티의 이점

허브티는 식물성 재료들을 사용하여 만든 차로, 건강에 좋은 다양한 성분들이 함유되어 있다. 매일 차 마시는 습관을 갖게 된다면 다양한 면에서 긍정적인 효과를 얻을 수 있다.

1. 항산화 작용

　허브티에는 항산화 작용을 돕는 성분들이 많이 포함되어 있다. 허브 대다수에 함유된 '플라보노이드'는 활성산소의 해로움을 억제하는 항산화 작용으로 면역력 강화에 도움을 줄 수 있다.

2. 비타민, 미네랄 보급

　허브티는 다양한 비타민과 미네랄, 식이섬유 등을 함유하고 있다. 모든 성분은 수용성으로 비타민C, 비타민B, 철분, 칼륨 등 피부 미용과 면역력 향상에 도움이 되는 영양소가 함유되어 있다. 따라서 허브차를 다양하게 섭취하여 영양 미네랄을 보충할 수 있다.

3. 스트레스 관리에 도움

　몸과 마음 상태에 따라 그에 맞는 허브티를 마시면 좋다. 식물의 예를 들어, 라벤더는 진정 효능이 있어 긴장을 풀어주고 수면을 개선하는 데 도움을 줄 수 있다. 운동 후 휴식을 취할 때, 마사지나 스파 후 함께하면 더욱 효과적으로 스트레스를 관리할 수 있다.

　몸과 마음은 연결되어 있어서, 균형이 무너지면 우울 증세가 나타난다. 전체적인 균형과 회복을 위해 생활 속에서 허브티와 함께하는 티 라이프를 이어가면 좋다.

허브티의 구분

구분	허브 종류
베이스 허브	루이보스(Rooibos), 저먼 캐모마일(German Chamomile), 허니부쉬(Honeybush) 예르바 마테(Yerba Mate), 뽕잎(Mulberry Leaf), 감잎(Persimmon Leaf), 연잎(Lotus Leaf) 블루베리 잎(Blueberry Leaf), 민들레 뿌리(Dandelion Root), 연근(Lotus Root) 우엉 뿌리(Burdock Root), 머위 잎(Butterbur Leaf), 라즈베리 잎(Raspberry Leaf) 호박(Pumpkin), 고구마(Sweet Potato), 새싹보리(Sprout Barley)
과일, 열매 과피 citrus herb	레몬밤(Lemon Balm), 레몬그라스(Lemongrass), 레몬버베나(Lemon Verbena) 레몬 머틀(Lemon Myrtle), 귤(Tangerine), 라임(Lime), 레몬(Lemon), 로즈힙(Rose Hip) 라즈베리(Raspberry), 레드커런트(Redcurrant), 리치(Lychee), 망고(Mango), 멜론(Melon) 바나나(Banana), 복숭아(Peach), 블랙베리(Blackberry), 블랙커런트(Blackcurrant) 블루베리(Blueberry), 사과(Apple), 살구(Apricot), 오렌지 필(Orange Peel) 엘더베리(Elderberry), 자몽(Grapefruit), 체리(Cherry), 파인애플(Pineapple), 파파야(Papaya), 포도(Grape), 유자(Citron), 모과(Quince), 코코넛(Coconut), 무화과(Fig)
향신료(Spice)	팔각(Star Anise), 실론 시나몬(Ceylon Cinnamon), 계피(Cinnamon), 생강(Ginger) 카르다몸(Cardamom), 코리앤더 씨드(고수 씨, Coriander Seed), 정향(Clove) 코코아 빈(Cocoa Bean), 후추(Pepper), 펜넬(Fennel), 넛맥(육두구, Nutmeg)
꽃(Flower)	장미(Rose), 메리골드(Marigold), 라벤더(Lavender), 당아욱(Blue Mallow) 엘더플라워(Elderflower), 금목서(Osmanthus), 재스민(Jasmine), 국화(Chrysanthemum) 히비스커스(Hibiscus), 수레국화(Cornflower), 목련(Magnolia), 매화(Plum Blossom) 벚꽃(Cherry Blossom), 복숭아꽃(Peach Blossom), 팬지꽃(Pansy Flower)
방향성 허브	페퍼민트(Peppermint), 스피어민트(Spearmint), 초코민트(Chocomint) 애플민트(Applemint), 박하(Mint), 딜(Dill), 바질(Basil), 로즈메리(Rosemary), 비트(Beet) 당근(Carrot), 쑥(Mugwort)
스위트류(Sweets)	차수국(감로차), 대추(Jujube), 스테비아(Stevia), 감초(Liquorice)
곡물류(Grain)	현미(Brown Rice), 옥수수(Corn), 보리(Barley), 결명자(Cassia Seed), 율무(Job's Tears) 메밀(Buckwheat)
착향료(Flavoring)	감귤향(Citrus), 과일향(Fruity), 꽃향(Flowery), 매운향(Spicy), 단향(Sweet), 밀키향(Milky)

시나몬(Ceylon cinnamon)과 계피(Cassia cinnamon) 뭐가 다른가요?

시나몬과 계피는 같은 말이다. 그러나 두 가지 종류가 있다.

시나몬(실론 시나몬)

스리랑카 지역에서 생산되어 실론(스리랑카) 시나몬이라 불린다. 'Verum'종의 나무껍질을 하나씩 벗겨 돌돌 말아 만든다. 부드럽고 달콤한 풍미로 베이킹과 음식에 다양하게 쓰이고 있다. 쿠마린(coumarin) 성분 함량이 낮아 장기간 섭취에도 안전하고 항산화 성분이 풍부하다.

계피(카시아 시나몬)

'Cassia'종의 나무로 만들어지며 일반적으로 시나몬 혹은 계피라 부른다. 중국, 베트남, 인도네시아에서 주로 생산되며 나무껍질이 마른 상태에서 벗겨지기 때문에 실론 시나몬에 비해 두껍다. 실론 시나몬에 비해 저렴하고 쉽게 구할 수 있으며, 맛이 강하고 향이 매우 진하다. 쿠마린 함량이 높아서 과량 섭취시 간이나 신장에 무리를 줄 수 있기에 소량만 사용하기를 권한다.

착향료

티 블렌딩에서 자연적인 재료들로 향을 연출할 수 있지만, 좀 더 확실하고 명확한 향을 원할 때는 착향료를 사용해서 티에 향을 가향 처리할 수 있다. 기본적으로 착향료는 식물로부터 직접 추출한 기름이다. 이를 모두 통틀어 '에센스(착향료)'라고 한다. 티 블렌딩을 할 때 다양한 착향료를 쓸 수 있다.

착향료의 종류

1. **천연 착향료**(Natural Essences)

식물에서 추출된 원료로 만들어진 향료로, 꽃, 나무, 과일 등에서 추출된 에센셜 액이라 할 수 있다. 이러한 천연 착향료는 자연의 풍부한 향기와 효능을 그대로 담고 있어 안전하고 자연스러운 향을 가지고 있다. 하지만 가격이 비싸고 휘발성이 커 향이 지속적이지는 못하다.

2. **천연 모방 합성 착향료**(Nature-Identical Essences)

합성 착향료는 천연 분자를 모방하여 합성한 성분이다. 자연의 향을 모방한 합성 착향료라 할 수 있다. 가격이 저렴하고 향이 지속적이라 적은 양으로도 큰 효과를 볼 수 있는 장점이 있다.

3. 인공 착향료 (Artificial Essences)

인공적으로 합성한 성분으로 일반적으로 자연계에서 존재하지 않는 형태이다. 인공 착향료는 천연 착향료와 화학적 성분에서 큰 차이가 없지만, 원재료는 완전히 다르다. 인공 착향료의 원재료 일부는 천연 식물과 합성 물질로부터 추출한 것이기 때문이다. 예를 들어 초콜릿, 아몬드, 캐러멜, 크림, 위스키, 럼, 밀크, 꿀 등이 있다.

티 블렌딩에서 착향료 사용법

티 블렌딩에서 천연과 합성 착향료를 선택하는 여부는 티 블렌딩의 사업적 용도에 따라 선택한다. 티 블렌딩의 건강과 관련된 효능을 선택한다면 천연 착향료를 선택하는 것이 좋다. 단, 천연 착향료는 가격이 비싸고 향이 금방 날아가는 단점이 있다. 반면, 인공 착향료는 가격이 저렴하면서 향이 오래 지속되어 적은 양으로도 효과를 볼 수 있기 때문에 상업적인 티 블렌딩에 많이 쓰이고 있다. 단, 인공 착향료는 사용할 수 있는 범위가 제안되어 있는데 총 블렌딩 티의 2%까지 쓸 수 있다. 티 블렌딩에서 착향 후에는 안정화 기간이 필요하다. 보통 3일 정도를 안정화 기간으로 두고 있다. 습기가 들어가지 않도록 안전하게 밀폐 용기에 보관하여 3일 이후부터 맛을 보도록 권장한다. 3일, 7일, 한 달, 두 달 이런 식으로 시차를 두어 마셔보고 언제가 가장 맛있는지를 체크해서 가장 좋은 때에 맞춰 제품을 출시하는 것이 좋다. 이렇게 출시한 향 블렌딩 티는 1년 안에 마시는 것이 가장 좋다. 1년이 넘으면 향이 너무 진해져 과할 수도 있기 때문이다.

티 플레이버·아로마

차의 세계에서는 다양한 향이 존재한다. 다만, 차향이 풍부하지 않고 비릿한 향이 난다면 차가 오래되었거나 보관이 잘못된 것으로 본다.

모든 향은 주관적인 부분이 있다. 향은 코보다는 뇌의 기억으로 차의 향을 맡기 때문이다. 본문의 티 플레이버, 아로마 분류를 본다면 차향을 평가하는 데 도움이 될 것이다. 전문가라면 훈련을 통해 객관적인 표현법을 찾도록 노력해야 하지만, 일반인들은 차의 향을 다양하게 즐기되, 자신의 취향을 알아가는 것에 초점을 맞추면 좋을 것이다.

식물향 Vegetal

- **건초향** : 건초, 고리버들, 버들가지, 밀짚 등
- **신선한 풀향** : 새싹채소, 대나무류 줄기, 풋내, 양치식물, 미나리 등
- **방향성 허브향** : 민트, 코리앤더(고수), 바질, 딜, 로즈메리, 사철쑥, 백리향 등
- **채소향** : 셀러리, 주키니(서양 호박), 오이, 시금치, 펜넬, 녹두, 아티초크(국화과 식물), 생채소, 채소 육수, 조리된 채소

바다향 Marine

- 어류, 해조류(해초), 굴, 갑각류, 조개류, 어패류, 요오드 등

꽃향 Floral

- **신선한 꽃향** : 재스민, 히아신스, 계화, 국화, 인동과 식물, 라일락, 오렌지꽃, 야생화, 작약, 프리지어, 제라늄, 은방울꽃 등

- **자극성 꽃향** : 장미, 난초, 제비꽃, 목련, 모란 등

과일향 Fruity

- **신선한 과일향** : 살구, 체리, 복숭아, 배, 사과, 머스캣 포도, 포도, 자두, 신선한 무화과 등
- **베리향** : 야생딸기류, 스트로베리류, 블랙베리, 레드 베리류, 라즈베리, 블랙베리, 블랙커런트 등
- **감귤향** : 베르가모트, 레몬, 밀감, 자몽, 오렌지, 감귤류 껍질 등
- **건조 및 설탕에 절인 과일향** : 프룬, 건포도, 무화과, 과일잼, 대추야자, 과일 콩포트 등
- **견과류향** : 호두, 헤이즐넛(개암), 신선한 아몬드, 밤 등
- **이국적인 향** : 파인애플, 리치, 코코넛, 망고, 용과, 키위, 파파야 등

목재향 Woody

- **목향** : 건조 목재, 이국적인 목재, 나무껍질, 마른 잎, 목재 부스러기, 소나무, 참나무, 전나무, 유칼립투스, 단풍나무 수액 등

- **덤불향** : 축축한 흙, 이끼, 젖은 낙엽, 부엽토, 송로버섯, 버섯 등

토양향 Earthy

- 흙, 부식토, 눅눅한 습기, 지하 저장고, 토탄, 감자, 나무뿌리, 먼지, 젖은 암석 등

훈연향/탄향 Empyreumatic

- 훈제, 직화구이, 구운 아몬드, 화산재, 탄향, 토스트, 나무(석탄) 불, 구운 베이컨, 담배 등

동물향 Animal

- 가죽, 무두질한 가죽, 털, 젖은 양털, 말, 마구간 배설물, 사향, 땀 등

광물향 Mineral

- 금속, 규석, 부싯돌 등

단향 Sweet

- 꿀, 바닐라, 설탕, 초콜릿, 캐러멜 등

매운향 Spicy

- 시나몬, 정향(clove), 카르다몸(cardamom), 육두구(nutmeg), 생강, 후추 등

우유향 Milky

- 신선한 버터, 크림, 녹인 버터, 우유, 밀크잼 등

티 테이스팅을 통한 플레이버 노트 작성(예시)

Tea Tasting Note

차 이름		분류		g/c/min	
FLAVOR					
☐ 식물향(Vegetal)		☐ 목재향 (Woody)		☐ 과일/과실향(Fruity)	☐ 꽃향(Floral)
☐ 매운향(Spicy)		☐ 훈연향(Empyreumatic)		☐ 우유향(Milky)	☐ 단향(Sweet)
☐ 바다향(Marine)		☐ 광물향(Mineral)		☐ 토양향(Earthy)	☐ 동물향(Animal)
☐ 단맛(Sweet)		☐ 짠맛(Salty)		☐ 신맛(Sour)	
☐ 쓴맛(Bitter)		☐ 감칠맛(Umami, Savory)			
☐ Astringency		☐ Oily		☐ Cleanness	
☐ Length		☐ Body		☐ Balance	

- **중국 백차** – 신선한 풀향, 재스민꽃향, 구운 빵향, 볶은 채소향
- **한국 녹차** – 구운 견과류향, 볶은 채소향
- **중국 홍차** – 목재향, 훈연향, 코코아향, 군고구마향
- **인도 홍차** – 자극성 꽃향, 붉은색 과일향, 볶은 곡물향
- **스리랑카 홍차** – 산미 있는 과일향, 시나몬향, 신선한 꽃향
- **다크 우롱차** – 버터향, 구운 향, 건포도향, 살구향
- **일본 녹차** – 생채소향, 해초향, 바다향
- **보이차** – 젖은 목재향, 눅눅한 향, 톱밥향, 토양향, 덤불향

Inner Beautea
이너뷰티

: 백차와 레몬버베나의 하모니가 머리를 맑게 하고 상큼한 과일 향이 침체된 기분을 밝게 해주는 티.

*90℃ / 300㎖ / 3분 / 아이스티에 적합

향미 프로파일

티 블렌드를 위해 향미 프로파일을 고려하여 블렌딩하면 좋다.

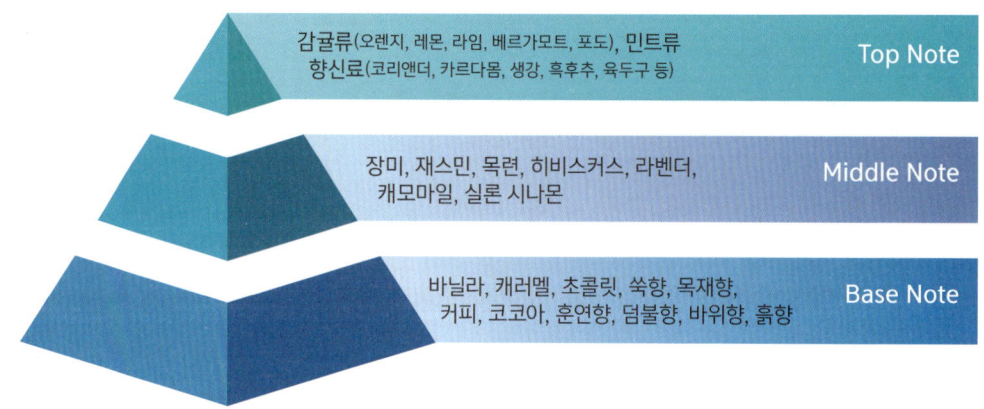

톱 노트 top note

헤드 노트(head note)라고도 한다. 휘발성이 가장 크고 블렌딩 티를 우려내 향을 맡았을 때, 처음 올라오는 향으로 첫인상이 될 수 있지만, 지속되는 시간은 짧다.

- 감귤류(오렌지, 레몬, 라임, 베르가모트, 포도)
- 민트류
- 향신료(코리앤더, 카르다몸, 생강, 흑후추, 육두구 등)

미들 노트 middle note

바디 노트(body note)라고도 한다. 티 블렌드에서 풍부한 바디감으로 블렌딩 티를 우렸을 때 부드러운 목 넘김과 마시고 난 뒤 감도는 향이라 할 수 있다.

- 장미, 재스민, 목련, 히비스커스, 라벤더, 캐모마일, 실론 시나몬

베이스 노트 base note

딥 노트(deep note)라고도 한다. 티 블렌드에서 가장 묵직한 향으로 블렌딩의 무게를 잡아주고 지속 시간이 길어서 전체적인 기둥이 되는 향이다. 오랫동안 기억에 남기려면 베이스 노트에 초점을 맞춰야 한다.

– 바닐라, 캐러멜, 초콜릿, 쑥향, 목재향, 커피, 코코아, 훈연향, 덤불향, 바위향, 흙향

향미 블렌딩을 할 때, 내가 선택한 베이스의 향미를 먼저 분석하고, 위의 향미 프로파일을 참고해 선택하면 좋다. 예를 들어 베이스가 루이보스라면 톱 노트의 향미에서 오렌지를 선택하고 미들 노트에서는 재스민, 베이스에서는 바닐라, 이런 식으로 베이스의 향미를 먼저 맛보고 분석하여 어울릴만한 향미를 선택하면 보다 폭넓은 향미의 블렌딩을 할 수 있을 것이다.

목적별 티 블렌딩 순서

Step 1. 목적 설정 – 먼저 목적을 정해 어떤 종류의 티 블렌딩 만들고 싶은지 결정한다. 너무 욕심을 부려 개선하고 싶은 문제들을 한꺼번에 이루려고 해서는 안 된다. 예를 들어 두통에 좋으면서, 잠도 잘 오고, 기침도 완화시킬 수 있는 차를 만들려고 하면 허브 선택에도 어려움이 있고, 균형이 잡힌 블렌딩이 될 수 없다. 자기 몸에서 가장 먼저 개선하고 싶은 부분을 한 가지만 선택해서 결정한다.

Step 2. 목적에 맞는 허브를 선정 – 허브의 효능이 나와 있는 도감을 보고 목적에 맞는 허브들을 선택한다.

Step 3. 베이스 허브를 선택 – 목적에 맞는 허브 중 베이스가 될 허브를 선택한다. 베이스는 주인공이 되는 허브로, 샘플티 10g을 만들 때 5g~7g 비율을 차지한다. 베이스가 되는 티는 차나무에 나는 5대 다류(백차, 녹차, 우롱차, 홍차, 보이차)와 잎차, 뿌리차 등이 될 수 있다. 베이스 티는 바디감이 부드럽고 너무 가볍지 않으며 산뜻한 향미를 가진 차로 고른다. 주로 싱글로 마셔도 좋은 차이다. 베이스를 허브로 할 경우, 허브를 하나만 선택해도 되지만 두 가지로 나눠 선택하면 좀 더 풍부한 향과 맛을 느낄 수 있다.

Step 4. 시트러스 허브 선택 – 베이스에 어울릴만한 시트러스를 선택해준다. 허브티의 구분 도표(52페이지 참고)에서 시트러스 허브를 참고하여, 베이스의 향미를 높여줄 허브를 선택해서 넣어준다. 시트러스 허브는 맛의 산미를 높여준다기보다는 티를 한층 더 풍미 있고 화사하게 끌어 올려준다는 장점을 지니고 있다. 모든 음식에서나 향의 비밀은 시트러스에 있다. 어떤 시트러스를 써주느냐에 따라 블렌딩의 균형감이 달라지니 다양하게 써보면서 나만의 데이터를 만들어 놓는다.

Step 5. 혼합 비율 조절 – 선택한 재료들을 적절한 비율로 혼합하여 어떤 맛으로 만들지 이미지를 그려 보며 비율을 조절한다. 방향성 허브들(52페이지 도표 참고)은 너무 많이 들어가면 향의 균형을 깨뜨릴 수 있기에 조금씩 써가면서 비율을 찾아야 한다. 처음부터 원하는 향미가 나오기는 힘드니 비율은 여러 번 테이스팅하며 조절해 나간다.

Step 6. 재료의 손질 – 완성된 티 블렌딩의 재료들이 골고루 섞일 수 있도록 재료들의 크기, 입자를 다듬어 준다. 또한, 시각적 아름다움을 위해 꽃잎이나 말린 과일들을 넣어준다.

티 블렌딩을 위한 도구

 니트릴 장갑 차는 습도에 민감하다. 맨손으로 재료를 만지게 되면 땀이 나서 습기가 들어갈 수도 있다. 그밖에 미세한 세균이나 감염으로부터 보호하기 위해 니트릴 장갑을 끼고 할 것을 권장한다.

 마스크 기본적으로 차는 식품이다. 작업 중 재채기를 할 수도 있고, 호흡기를 통해 사람의 분비물이 섞여서도 안 되기에 마스크를 착용할 것을 권장한다.

 앞치마 외부에서 묻어 들어간 먼지나 냄새들이 차에 들어가는 건 좋지 않으므로 앞치마나 작업복을 착용할 것을 권장한다.

 미세저울 정확한 계량을 위해 미세저울을 사용한다. 보통 0.01g 단위 미세저울을 추천한다. 아주 세밀한 용량으로도 맛과 향의 차이가 확연히 나기에 초경량 미세저울을 사용한다.

 약사발과 약봉 재료의 크기가 너무 클 때나, 향신료 등을 빻아 줄 때 사용한다. 카르다몸, 코리앤더 같은 향신료는 씨앗이 터질 정도로만 으깨주면 블렌딩했을 때 향이 증폭되어 상승작용을 볼 수 있다.

 도자기 볼 최종 블렌딩 재료들을 담을 볼이다. 스테인리스, 나무, 유기, 도자기 볼 등 재료들을 잘 섞어 담을 수 있는 크기의 볼을 준비한다.

소분 접시 재료를 저울에 담고 계량할 때 필요한 접시로 미세저울에 올라갈 정도로 작은 크기와 가벼운 접시를 사용한다.

 티스푼
차를 소분하고 블렌딩 하기 위해 티 스푼은 2개를 준비해 준다. 재질은 상관없지만, 일반적으로 나무 티스푼이 관리하기 쉽다.

 티 매트
깨끗한 매트를 깔고 작업을 해야 한다. 재료도 식품이기에 작업 테이블 바닥에 직접 닿는 것을 방지할 수 있다.

 지퍼백
최종 블렌딩 티를 담을 지퍼백을 준비한다. 샘플로 블렌딩한 티를 시간이 지나면서 맛의 변화를 관찰하기에 좋고 종이 지퍼백은 블렌딩 레시피를 간단하게 쓸 수 있어 좋다.

 타이머, 모래시계
최종 티를 우려 마실 때 시간을 체크할 수 있도록 타이머나 모래시계를 준비한다.

 품평 도구
최종 블렌딩 티를 우려 마실 도구이다. 평균적으로 블렌딩 티 2g, 물 200ml를 기준으로 3분 테이스팅 한다.

블렌딩 티 최종 보관과 포장

티 블렌딩은 또 하나의 새로운 티가 세상에 태어난 것과 같다. 만들고 나면 끝까지 돌보아주어야 하는 것이다. 블렌딩을 하고 난 후 최종 보관과 포장은 습기가 생기지 않게 특히 신경을 써 주어야 한다. 그래서 차를 만드는 덖음 팬에 최종적으로 덖어주는 것도 좋은 방법이다. 혹은 블렌딩이 완성된 티를 숙성시키기도 한다. 저온으로 열건(열을 가해 수분 함량을 낮춰주는 공정)을 해주고 향 매김(향을 증폭시키는 방법 : 수분이 없는 상태에서 저온의 열을 가함으로 진공 상태로 두는 것)을 해줌으로 한층 더 완성도 높은 블렌딩 티를 만들 수 있다.

이 과정을 하지 않고 보관하게 되면 쉽게 습(濕)이 생길 수 있다. 이 약간의 습으로 원하는 맛이 나오지 않을 수 있으므로 주의한다.

Part 3
블렌딩 티
어떻게 마실까

차를 맛있게 마시는 방법

요즘은 티를 우려 마시는 도구도 다양한 재질과 디자인으로 나와 눈길을 사로잡는다. 도구들의 쓰임새를 잘 알고 자신의 라이프 스타일에 맞춰 준비해 두면 언제나 차를 즐길 수 있다.
다구를 사용할 시간이 없거나, 환경이 허락되지 않는다면 간편하게 공 티백을 이용하는 것도 좋다.

기본

1. 찻잔에 뜨거운 물을 담아 충분히 따뜻해지면 물을 비운다.
2. 찻잔에 블렌딩 티를 넣는다.
3. 방금 끓인 뜨거운 물을 붓는다.
4. 우린다. (우리는 시간은 꽃이나 잎과 같이 조금 형태가 작은 허브는 3분. 열매나 씨 등 단단한 것은 5분 정도 우린다)
5. 거름망에 걸러 찻잔에 따라 마신다.

아이스티 마시는 방법

1. 찬물로 냉침해서 물처럼 마시는 방법
- 티 3g / 상온의 물 300ml
- 뚜껑을 잘 닫아 냉장고에 넣고 6시간 후 걸러 마신다.

2. 바로 시원하게 아이스티로 마시는 방법(급랭)
- 티 6g / 뜨거운 물 200ml
- 뜨거운 물에 5분 우린다.
- 차를 걸러 얼음을 채운 잔에 부어 마신다.

3. 스파클링 티로 마시는 방법
- 티 3g / 탄산수 한 병(300ml)
- 탄산수를 조금 따르고(꽉 채운 상태에서 하게 되면 냉장고에서 병 속 내용물이 폭발할 수 있다) 차를 넣은 후 병을 거꾸로 세워 냉장 보관한다. 6시간 후 걸러 마신다.

부록

계절에 맞는 블렌딩 티

사진 출처 : 우먼 센스

여름철 열기를 내려주고 갈증 해소를 돕는 차

1. 연잎차

예로부터 연잎은 음식과 약용으로 널리 사용되었다. 농의보감에서는 '연잎차를 오래 마시면 모든 혈증(血症 혈액의 질환)이 멈추고 정신을 맑게 되며 열이 내려간다.'라고 나와 있다. 그뿐 아니라 체내 항체의 해독을 좋게 하고 위를 보호하는 천연 항산화제 '히스티딘'과 '아르기닌'도 함유하고 있다. 여름철 더위에 밤잠을 못 이루는 불면증에 추천한다.

연잎차의 맛은 녹차와는 다르게 깔끔하고 가벼운 맛으로 은은한 풀향을 느낄 수 있다. 그러나 풀향을 싫어하시는 분들이나 혹은 연잎차를 색다르게 마시고 싶으신 분들은 말린 사과 칩이나 생사과 조각을 함께 섞어서 드셔보길 추천한다. 그러면 은은한 사과의 산미가 연잎차의 풀향을 산뜻하게 올려 줄 수 있기 때문이다. 비율은 연잎차 1스푼에 사과 슬라이스 2조각이다.

연잎차 맛있게 우리는 방법
연잎차 2스푼 / 85~90도 / 물 300ml / 3분 우림

2. 메리골드(Marigold) 꽃차

메리골드 꽃차는 루테인 성분이 풍부해 눈 건강 관련 건강보조식품으로도 활발하게 쓰이고 있다. 예로부터 눈을 보면 간 건강 상태를 안다는 말이 있듯이 그만큼 간과 눈은 연결되어 있다. 여름철 강한 자외선과 냉방으로 스트레스 받고 지친 간에 기력을 더해주는 역할로 메리골드 꽃차가 도움이 된다. 차가운 성질을 지녀 간의 열을 내려주고 허약함을 보충해 준다.

메리골드 꽃차는 싱글로 마셔도 좋지만, 메리골드 특유의 향을 싫어하시는 분이라면 로즈마리를 함께 넣어 블렌딩해도 좋다. 그러면 로즈마리의 소나무 향이 메리골드의 강한 꽃향을 부드럽게 눌러주어 향긋하게 마실 수 있다.

비율은 메리골드 1개에 로즈마리 생잎 또는 로즈마리 건잎 한줄기이다.

메리골드 맛있게 우리는 방법
메리골드 1개 / 90~95도 / 물 300ml / 3분~5분 우림

3. 레몬 머틀(Lemon Myrtle)

레몬 머틀은 호주 퀸즐랜드의 열대우림에서 자라는 관목으로 키가 20m까지 자라난다. 라임향이 강하고 녹차의 깔끔한 맛을 지니고 있어 허브 향신료로 쓰인다.

레몬이 가지고 있는 시트랄(Citral) 성분이 많이 들어있는데 레몬의 10배 정도로 매우 높다. 여름철 냉방병으로 피곤하고 나른할 때 마시면 수용성 비타민을 충분히 섭취할 수 있으며 살균력도 강해 감기 예방에도 좋다.

레몬 머틀의 강한 레몬 향미가 위가 약한 사람이나 역류성 식도염이 있는 분에겐 부담스럽기 때문에 그럴 땐 뿌리차를 넣어 마시길 권한다. 집에 있는 우엉차나 돼지 감자차, 민들레 뿌리차 등이 있다면 함께 블렌딩해서 마시면 좋다. 레몬 머틀의 산미가 부드러워지고 뿌리차의 구수함은 산뜻하게 변하여 맛과 향, 효능도 업그레이드된다.

블렌딩 비율은 레몬 머틀 건잎 1개에 뿌리차 1스푼.

레몬 머틀 맛있게 우리는 방법
레몬 머틀 건잎 1개 / 85~90도 / 물400ml / 5분 이상 우림(길게 우려도 상관없음)

4. 백차

더운 여름날에는 땀을 식혀주고, 열을 내려주는 백차를 추천한다. 특히 오래된 백차는 중국 민간에서 홍역에 걸린 유아의 천연 해열제로 쓰일 정도로 항생제보다 해열 효과가 좋다고 알려져 있다. 그만큼 무더운 여름 마시면 열을 식혀주고, 간을 보호하고, 혈당 관리에도 도움이 된다.

백차는 차나무의 찻잎을 딴 이후, 간단한 위조(시들리기) 과정만 거친 채 건조되어 나온 차로 다른 차들보다 향긋하고 부드럽고 달콤하다. 그래서 특별히 블렌딩 하지 않아도 차 자체만으로도 호불호 없이 누구나 잘 마실 수 있다.

백차 맛있게 우리는 방법
백차 2g / 85~90도 / 250ml / 3분 우림(이후 물을 두 번 정도 더 넣어 우려 마신다.)

백차는 낮은 온도가 좋다. 낮은 온도에서 우리면 쓰고 떫은맛을 가장 최소화할 수 있고 향미도 업그레이드되기 때문이다. 도자기보다 유리 찻잔이 온도가 빨리 내려가니 유리잔을 추천하며, 3분 우려서 마신 후 계속 시간을 조금씩 늘려가며 여러 번 우려 마시길 바란다.

5. 모로칸 민트 티

아프리카 모로코의 국민차로 모로코 어딜 가든 만날 수 있는 차이다. 환대의 의미로 손님이 오면 무조건 이 차부터 내어준다. 녹차에 생 민트와 설탕을 듬뿍 넣고 끓여 마시는 블렌딩 티로 뜨거운 청량감이 특징이다. 맛은 매우 달콤하고 향은 멘톨향이 강해 시원하게 느껴진다.

민트는 여름철 마시면 살균 소화에 좋고 특유의 청량감으로 피곤함을 달래준다. 집에 잘 안 마시는 녹차가 있다면 마트에서 생 민트를 사서 뜨거운 물에 함께 넣어 2분 정도 우리고 설탕을 타서 마신다. 무더위에 지친 몸을 다시 일으켜주는 활력 차로 좋다.

모로칸 민트 티 맛있게 우리는 방법
녹차 2스푼(2g) / 생 민트 3줄기 / 80~90도 / 300ml / 2분 우림(설탕은 기호에 맞게 넣는다.)

6. 장미 꽃차

여름에는 뇌졸중 환자들이 급증한다. 뜨거운 태양 아래 충분한 수분과 영양을 섭취하지 않으면 탈수 증상이 발생하기 마련이다. 체내 수분이 부족해지면 피의 점성이 높아져 뇌에 혈액 공급이 제대로 되지 않아 뇌졸중 위험도가 높아진다. 또한, 냉방기 사용으로 찬 공기에 지속 노출되어 심장에 부담이 되면서 혈압 상승과 뇌혈관에 영향을 미쳐 두통이 심해질 수 있다

장미에는 산화를 막는 비타민A가 토마토의 20배, 비타민C가 레몬의 1.7배가 들어있고, 에스트로겐이 석류보다 8배나 많이 함유되어 있다.

비타민C가 혈관의 신축성을 좋게 하고, 장미의 풍부한 폴리페놀과 플라보노이드 성분이 혈관의 산화를 막아 혈압을 낮추는 항산화 효과가 뛰어나다. 붉은 혈관과 같은 색깔의 장미는 혈관을 맑게 하는 성분이 풍부하다고 볼 수 있다. 클레오파트라는 미모를 가꾸기 위해 장미 꽃잎을 가득 띄워 장미 목욕을 즐기고, 장미 향수와 오일 등을 사용했다고 한다. 건강과 피부를 위해 장미 꽃차를 즐겨보자.

장미 꽃차 맛있게 우리는 방법
장미꽃잎 10개 / 95~100도 / 250ml / 5분 우림

겨울철 몸을 따뜻하게 해주고 면역력에 좋은 차

1. 목련꽃차

목련꽃차는 늦가을부터 슬슬 찬 바람이 불고 추워지기 시작할 때 마시면 몸을 따뜻하게 해주고 기관지에 좋아 추천한다. 예로부터 한방에서는 목련의 꽃봉오리를 '신이(辛夷)'라 하여 축농증, 만성 비염 등의 약재로 사용하고 있다. 면역력을 높여주고 기침, 가래 등 감기 증상을 완화시켜 감기 기운이 있을 때 마셔도 좋다. 꽃향이 은은하게 나면서 알싸한 매운맛도 살짝 난다.

목련꽃차 맛있게 우리는 방법
목련꽃잎 5개 / 뜨거운 물(98도~100도) / 물 300ml / 3분 우림(3번까지 우려 마실 수 있다.)

2. 레몬 진저 티

생강은 몸을 따뜻하게 해주는 대표적인 재료이다. 동의보감에는 '성질이 따뜻하고 맛이 맵고 독이 없다. 냉담을 없애고, 위의 기운을 조화롭게 한다'고 나와 있다. 매운맛을 내는 주성분인 진저롤과 쇼가올은 살균작용이 뛰어나다. 감기를 낫게 소화를 돕고 구토를 멈추게 해준다.
시중에 파는 생강청은 설탕이 많이 들어가서 자주 마시기 부담스럽다. 알싸한 맛이 나기 때문에 단독으로 마시기 어려우면 레몬껍질이나 레몬그라스를 블렌딩한 레몬 진저 티를 추천한다. 레몬은 비타민C가 풍부하여 면역력을 높여주고 맛을 한층 더 향긋하게 끌어 올려줄 것이다.

레몬 진저 티 맛있게 우리는 방법
- 생레몬 슬라이스 반 개 / 생 생강 3쪽 / 꿀 적당량 / 뜨거운 물(98도~100도) / 물500ml
- 유리 티포트에 모든 재료를 넣고 뜨거운 물 500ml 넣고 뭉근히 끓인다.(꿀은 취향껏 넣는다.)

3. 곤륜산 설국화

중국 신강 위구르에 위치힌 곤륜산 해발 3,000미터 이상 지역에서 자라는 야생 국회이다. 눈 속에 핀다고 하여 설국화로 불린다. 주로 독소를 체외로 배출시켜 주고 활성산소를 억제시켜 지방간과 간염 예방에 좋고 불면증을 완화해준다고 알려져 있다.
향미가 목재향이 강해서 겨울에 따뜻하게 마시면 좋다. 목재향이 거북한 분들은 유자를 조금 넣어 마시면 향미가 한층 더 좋아져 맛있게 마실 수 있다.

설국화 맛있게 우리는 방법
설국화 5개 / 뜨거운 물(98도~100도) / 물 300ml / 3분 우림(2번 우려 마실 수 있다.)

4. 보이숙차

보이숙차는 발효 과정을 거치면서 차의 성질이 따뜻하게 변하기 때문에 위장과 소화기관의 운동을 촉진시켜 추워지기 시작할 때 마시면 더욱 좋다.
보이숙차는 묶은 목재향과 흙향이 나서 '자사호(紫沙壺)'에 마시길 추천한다. 자사호는 중국 강소성 남부에 있는 도자기로 유명한 도시 이싱(宜興)에서 생산된다. 자사호에 마시게 되면 보이차의 오래된 진향(오래된 흙, 담, 나무향)이 부드러워지고 보온성도 유지되어 차의 좋은 맛과 향을 오롯이 느끼기 좋다.
자사호는 유약을 바르지 않고 고온에서 소성해 숨을 쉬는 기공이 넓어 차의 맛과 향을 흡수한다. 따라서 한 개의 자사호에는 한 종류의 차만 우리는 것이 좋다.

보이숙차 맛있게 우리는 방법

- 보이숙차 3g을 자사호에 넣고 뜨거운 물을 넣고 바로 따라 버린다. 이 세차 과정을 두 번 정도 반복한다.
- 뜨거운 물(98~100도) / 물 150ml / 20초 후 걸러 마신다.(10번 정도 우려 마신다.)

5. 청태전

청태전은 우리나라의 대표적인 전통차로 엽전처럼 생긴 차이다. 이름의 뜻은 '푸른 이끼가 낀 엽전'으로 '돈차'라고도 불린다. 삼국시대부터 전라남도 장흥을 중심으로 만들어졌다. 장흥에 가면 청태전을 사용한 라떼, 레몬차, 콤부차 등 다양한 메뉴를 맛볼 수 있고, 청태전 만드는 체험도 할 수 있다.
청태전은 끓여서 마셔야 하기 때문에 추운 겨울철 체온을 유지하는 데 좋다. 또한, 항염증에 좋아 겨울철 면역 체계를 강화하는 데 도움이 된다. 쌉싸름한 맛 없이 부드럽고 고소한 맛이라 편안하게 마시기 좋다.

청태전 맛있게 우리는 방법

- 청태전 1개를 1L 이상 되는 주전자에 넣어주고 뜨거운 물에 가볍게 세차해 준다.
- 이후 상온의 정수물 1L를 넣고 끓여준다.
- 팔팔 끓으면 중불로 줄이고 기호에 따라 10-20분 정도 끓여 마신다.
- 반 정도 마시면 다시 물을 부어 끓여 마실 수 있고, 보온 후 다시 마실 수 있다.
  (3번 우려 마실 수 있다.)

Part 4
블렌딩 티 테라피
레시피

계절의 흐름을 느끼는 차 한잔

봄날 오후의 활력
SPRING VITAL TEA

봄날의 시작을 담은 차 Spring Vital Tea

매화는 가장 먼저 봄을 알리는 꽃 중 하나이다. 매화는 잎보다 꽃이 먼저 피고, 이른 봄에 피기에 '설중매'라고도 불린다. 이른 봄 산책하러 나가 나무를 살피다 보면 곳곳에서 봉오리가 올라와 만개를 기다리는 매화를 볼 수 있다. 추운 겨울을 이겨내고 나무와 풀들이 봄을 맞아 꽃을 피우며 생명을 이어가는 자연의 섭리는 늘 경이롭다.

봄날이면 아름다운 꽃과 힘께 어김없이 찾아오는 게 춘곤증이디. 겨울 동안 잠들이있던 몸이 깨어나면서 몸이 나른해지고, 머리가 멍해지고 눈이 쉽게 피곤해진다. 춘곤증을 이기지 못하고 이불속에서 더 뭉그적거리기도 하고, 눈이 번쩍 떠질만한 커피나 달달한 음료들을 찾기도 한다.

하지만, 이른 봄 봉오리를 내고 꽃을 피우는 매화처럼 더 활력 있게 춘곤증을 이겨낼 수 있다. 조금 일찍 일어나 매화를 감상하기 위해 밖으로 나가보자. 예쁘게 피어나는 꽃망울을 보고 있으면 자연의 기운과 감동이 느껴진다.

그리고, 매화를 차로 만들어 마셔보자. 매화는 정신을 맑게 하고 항산화 성분이 풍부해 피부미용에도 좋다. 매화는 시트러스한 과일과 만나면 특유의 체리향이 더 증폭된다. 매화꽃차만 싱글로 마시는 것도 좋지만, 블렌딩해 마시면 훨씬 더 진한 매화향을 느낄 수 있다.

봄에는 추운 겨울을 이기고 나온 제철 음식을 챙겨 먹게 되는데, 이 '제철 블렌딩 티'가 무거운 몸을 일으켜 세워주고 나른한 잠을 깨워주는 청량제 역할을 할 것이다.

Recipe	마테 5.5g, 페퍼민트 2g, 레몬그라스 1g, 오렌지 필 1g, 매화 0.5g
침출 방법	블렌딩 티 2.5g / 90~85도, 물 300ml / 3분 우림
향미	매화의 체리향과 시트러스한 과일향이 잘 어우러지고, 민트와 마테의 신선한 풀향이 입안을 시원하게 해주어 청량감 넘치는 에너지를 전해준다.

봄의 정원
K-GARDEN TEA

한국의 봄을 담은 차 K-Garden Tea

사계절이 뚜렷한(봄, 가을이 점점 짧아지고 있어서 이 수식어를 언제까지 붙일 수 있을지 마음이 무겁기도 하다) 한국의 봄은 화사하고 생기가 넘치는 계절이다. 짧은 봄을 조금이라도 더 길게 즐기고 싶은 건 모두의 희망이 아닐까? 그 마음을 담아 추운 겨울이 지나고 아름다운 꽃들이 피는 봄의 정원을 떠올리며 차로 만들어 보았다.

보성에시 민든 청차와 매화, 생강나무꽃, 복숭아꽃, 계화, 모두 한국의 청정지역에서 만든 차와 꽃차이다.

베이스가 되는 청차는 보성 '죽림다원' 대표님의 작품이다. 제다법에 있어서 시대의 트렌드를 끊임없이 공부하고 자신만의 방법을 연구하고 도전하시는 대표님의 시간과 정성이 느껴지는 차다. 청아하고 은은한 복숭아향이 나는 청차로 싱글로 마셔도 충분하다. 하지만 여기에 한국의 아름다운 꽃들을 더한다면 그 시너지는 더할 나위 없이 좋다.

복숭아 꽃

Recipe	한국 청차 2g, 매화 0.3g, 생강나무꽃 0.3g, 복숭아꽃 0.2g, 계화(금목서) 0.02g
침출 방법	블렌딩 티 3g / 90~85도, 물 300ml / 2분 우림
향미	은은한 복숭아꽃향과 매화향이 코끝을 치고 들어온다. 알싸하면서 생강나무 꽃차의 맛으로 마무리된다. 여러 레이어로 한국의 봄 향기를 오롯이 느낄 수 있다.

티 블렌딩 정원사

색다른 장미 블렌딩 티
THE ROSE OF MAY

티 블렌딩 정원사

오월의 장미 The Rose of May

운남 전홍은 중국의 운남지역에서 생산되는 홍차를 말한다. 중국은 지역마다 대표로 하는 한자어가 있는데 '전(滇)'이라는 글자는 운남성을 뜻한다. 그래서 운남 전홍은 운남성의 홍차라는 뜻이다. 운남 전홍은 군고구마와 같은 단맛과 찐득함, 약간의 스모키함이 특징이다. 이런 스모키한 향은 비 오는 날 마시면 더욱 깊게 느껴진다. 마치 비가 내릴 때 젖은 흙과 나무에서 올라오는 안개 같은 향이다.

여기에 한국의 장미꽃차를 블렌딩 한 것이 '오월의 장미'이다. 이 블렌딩 티는 스모키함이 특징인데, 이름만 봤을 때는 오월과 스모키한 향이 뜬금없는 조합이라 의아하게 생각할 수도 있다.

5월은 하루하루가 아름답다. 날이 너무 화사하고 좋으면 청개구리 심보로 정반대의 향미를 찾곤 하는 데서 나온 블렌딩이다. 심통이 나서라기보다는 이런 날이 금방 끝나버리면 어쩌나 하는 불안감이 마음 한편에 스멀스멀 올라오기 때문이다. 그 마음을 부드럽게 눌러주는 게 스모키한 향이다. 그리고 생각보다 둘이 무척 잘 어울려 마음이 간다.

한국의 장미는 흑장미와 색깔장미로 나뉘는데, 맛과 향이 완전히 다르고 차로 만드는 방법도 다르다. 흑장미는 만질 때 벨벳처럼 감촉이 부드럽고 단단하며 잘 익은 산딸기향이 난다. 반대로 색깔장미는 질감이 약하고 금방이라도 찢어질 듯 연약하고 신선한 딸기향이 난다. 흑장미가 중년의 여성에서 느껴지는 우아하고 고혹적인 향이라면, 색깔장미는 풋풋하고 발랄한 소녀와 같은 향이다.

흑장미는 고온에서 덖어주는데, 흑장미의 녹진한 산딸기향과 스모키함이 더해져 자체로 깊은 홍차 맛이 난다. 그래서 전홍과 블렌딩하면 스모키함과 달달한 맛이 배가 될 수 있다. 끝에 느껴지는 장미향은 비강 아래로 내려와 거슬리지 않고 부드럽게 감싸준다. 전홍과 장미의 블렌딩은 '스리랑카의 풍광을 담은 블렌딩 티, 샴페인 로즈 티(누와라 엘리야 홍차 & 해당화)'와 같이 음화 과정을 거쳐서 만든다.

Recipe	중국 운남 전홍 7g, 한국의 덖은 장미 3g
침출 방법	블렌딩 티 3g / 98~95도, 물 300m / 3분 우림
향미	녹진한 산딸기 같은 장미향이 스모키하게 다가오는 부드러운 홍차. 어떠한 디저트와도 잘 어울린다.

오월의 장미 블렌딩 티

Part 4

여름철 산책을 위한 블렌딩 티
SUMMER GARDEN TEA

초여름을 산뜻하게 즐기는 법 Summer Garden Tea

화창한 계절에는 아파트 뒷길로 근처 공원까지 산책을 즐긴다. 오래전 아파트단지를 만들면서 심었던 나무들이 잘 자라 무성하고 아름답게 어우러져 있다. 플라타너스 잎이 푸릇한 계절에는 마치 유럽의 어느 거리를 걷는 것처럼 느껴지기도 한다. 길고양이들과 이름 모를 새들, 주인과 함께 산책 나온 강아지들이 모두 초여름의 화창함을 즐긴다.

즐거운 여름날 아침 산책길에는 'Summer Garden Tea'를 챙겨 나간다. 피곤한 아침, 졸음을 깨우려고 마시는 아이스 커피 한 잔은 피로를 잠시 잊게 해주지만, 아침 산책을 하면서 마시는 시원한 허브티 한잔은 피로를 저 멀리 떠나보내 주는 것 같다.

풀향 가득한 마테와 시원한 향미의 백차를 블렌딩하고 약간 과일의 산미로 상큼함을 더한 블렌딩 티이다. 자연의 향을 오롯이 느끼고 싶어 다른 향을 더하지 않고 최대한 자연스럽지만 다채롭게 블렌딩을 한다. 이 차는 냉침해서 시원하게 마시면 더욱 좋다. 티 3g에 물 300ml 넣고 찬물에 6시간 냉침하면 은은한 사과의 향과 백차가 어우러져 상쾌한 맛이 된다.

푸릇한 플라타너스 아래 마시는 시원한 차 한잔은 초여름의 더위를 씻어주고, 무겁던 몸과 마음을 한층 가볍게 만들어 준다.

Recipe	백차 3g, 마테 3g, 레몬그라스 0.7g, 말린 사과 & 베리류 2g, 로즈마리 0.5g 장미 0.3g, 맨드라미 꽃차 0.5g
침출 방법	● Hot : 블렌딩 티 2.5g / 95도~85도, 물 300ml / 3분 우림 ● Cool : 1) 냉침 : 블렌딩 티 3g / 상온의 물 300ml / 냉장 보관 6시간 / 물처럼 마신다. 　　　　 2) 급랭 : 블렌딩 티 3g / 뜨거운 물 150ml / 5분 우린 후 거르고 얼음을 채운 잔 위에 부어 시원하게 마신다.
향미	시원한 향미의 백차가 은은하고, 과일의 상큼함이 기분을 좋게 한다. 시원하게 냉침해서 마시면 더 맛있다.

연꽃향을 품은 블렌딩 티
WHITE LOTUS TEA

부족함을 채워 완성되는 기품 White Lotus Tea

초여름인 6월 말에서 7월 초엔 연꽃이 핀다. 연꽃은 진흙 속에서도 맑고 청아하게 꽃을 피운다. 그래서인지 연못에 가득 차 있는 연꽃을 보기만 해도 마음이 편안해지고 싱그럽고 상쾌한 기분이 든다.

해마다 연꽃이 필 때면 연꽃차를 마신다. 생 연꽃을 잘 피워서 뜨거운 물에 담가 마시면 풋 사과향이 입안을 감싸고 정신까지 맑아지는 느낌이다.

연꽃차를 즐기는 다른 방법도 있다. 연꽃 봉우리 안에 백차를 넣어 만드는 것으로, 연꽃의 싱그러운 향이 자연스럽게 백차에 배이게 하는 것이다. 연꽃 생화에 백차를 넣었기 때문에 일주일 정도만 보관한다.

중국에서 "1년 된 백차는 차, 3년 된 백차는 약, 7년이 넘은 백차는 보약"이라는 말이 있다. 그만큼 몸에 좋은 효능을 많이 갖고 있다는 것이다. 백차는 열을 내려주고 강력한 항균 효능을 가지고 있으며, 항산화 효과가 있는 폴리페놀이 풍부해 만성 염증을 줄여주고 피부 노화를 방지해준다고 한다. 스트레스 해소와 피로 회복에도 도움이 된다니 현대인에게 꼭 필요한 차라고 할 수 있다.

바로 만든 백차는 자체의 향이 좋아 싱글로 마시면 되지만, 오래된 백차는 효능은 유지되나 향이 떨어질 수 있다(물론 적정한 온도와 습도가 유지되는 환경에서 잘 관리된 노백차는 시간이 지남에 따라 더 깊고 풍부한 향미를 지닌다). 그래서 연향차를 만들 땐 향이 약해진 노백차를 선택한다. 노백차로 연향차를 만들어 주면 연꽃의 싱그러운 향을 품어 더욱 풍성하게 즐길 수 있다.

진흙 속에서도 청아하게 피어나는 연꽃의 향이 노백차의 약해진 향미를 살려주는 걸 보면 인생에서 나에게 부족한 향기를 채워주는 좋은 사람을 만나는 것 같은 느낌이다. 더운 여름엔 꼭 즐겨 마시는 별미 중 별미, 연향차! 여름이 기다려지는 이유이다.

Recipe	① 유기농 연꽃 생화를 분무기로 씻어 준비한다. ② 연꽃 안을 벌려주고 백차를 넣어준다. ③ 꽃잎으로 찻잎을 잘 감싼 후, 기름종이로 한 번 더 감싸서 서늘하고 그늘진 곳에 보관한다. ④ 일주일 후 백차를 꺼내 팬에 살짝 덖어 마신다.
침출 방법	블렌딩 티 1.5g / 90도 물 200ml / 3분 우림(2번 우려 마실 수 있다.)
향미	신선한 연꽃향과 백차의 부드러움이 잘 어우러져 입안이 개운해지고 청아한 느낌이 감돈다.

몸의 열기를 식혀주는 블렌딩 티
COOL DOWN TEA

잠 못 이루는 밤 Cool Down Tea

연잎차는 긴장을 풀고 신경을 안정시키는 데 도움을 주는 효과가 있어서 평소에 긴장을 많이 하는 분, 몸에 열이 많아 땀을 잘 흘리는 분, 심장에 열이 많아 잠을 잘 자지 못하는 분, 항암 치료로 독성을 빼줘야 하는 분에게 추천해 드리는 차이다.

더운 여름밤, 열기로 인해 잠을 자기 힘든 분들을 위해 연잎차를 베이스로 한 블렌딩 티를 만들었다. 맨드라미 꽃차도 차가운 성질을 지녀 연잎과 조화를 잘 이루고 무엇보다 수색이 핫핑크빛이라 보고만 있어도 힐링이 된다. 싱그러운 사과향과 블랙베리잎으로 약간의 상큼함을 더하면 연잎차에서 나는 강한 풀향을 잡아주어 누구나 좋아하는 차가 된다.

연잎차를 만들 땐 6월~7월에 나는 생 연잎보다 묵은 연잎이 차로 만들기 좋다. 생 연잎의 프레쉬함이 너무 강해서 차로 마시면 오히려 거칠게 느껴지기 때문이다.

그래서 연잎을 냉동 해두었다가 차로 만든다. 차로 만든 후에도 바로 마시기보다는 두 달 정도 지난 후 마시면 좋다. 기다림의 시간 동안 맛과 향이 한층 온화해져서 조화를 이루게 된다.

한여름 밤 가족들과 함께 차 한잔 마시며 이야기를 나누다보면 하루의 피로도 풀리고, 잠도 편안하게 잘 수 있을 것이다.

Recipe	연잎 6g, 맨드라미 1g, 말린 사과 조각 2g, 블랙베리잎 1g
침출 방법	블렌딩 티 2g / 90~80도, 물 300ml / 3분 우림
향미	연잎의 풀향이 사과향으로 보완되어 싱그러운 풋사과를 베어 문 것처럼 상쾌하다.

스리랑카의 풍광을 담은 블렌딩 티
CHAMPAGNE ROSE TEA

차 한 잔이 전해주는 추억 Champagne Rose Tea

'빛의 도시'라는 뜻의 누와라 엘리야(Nuwara Eliya)는 스리랑카 남부의 고지대로 해발 1,800m가 넘는 곳이다. 여기서 생산되는 차의 이름도 누와라 엘리야인데 맛과 향이 좋아 '스리랑카 홍차계의 샴페인'이라고도 불린다. 고지대의 찻잎은 저지대의 찻잎보다 떫은맛이 적고 단맛이 많다. 저지대의 찻잎은 곤충들이 많아 신맛과 떫은맛이 나는 타닌(tannin)을 생성시켜 곤충으로부터 자신을 보호하려 하기 때문이다. 반면에 해발고도가 높을수록 곤충들이 적어 감칠맛을 내는 테아닌과 다당류를 찻잎에 저장하는 작용이 원활하게 일어난다.

2023년 여름, 스리랑카 누와라 엘리야에 갔을 때 신선한 멘톨향과 해당화 꽃향이 마음을 사로잡았다. 누와라 엘리야 찻잎에서 한국의 해당화향이 나서 신기했다. 누와라 엘리야 홍차와 한국의 해당화가 맞닿아 있음을 느끼게 되었고, 함께 블렌딩해 보고 싶었다. 내가 느낀 그곳의 향을 그대로 전달하고 싶은 마음이 들었던 것이다.

해당화는 장미꽃과 비슷하지만, 장미보다 향이 더 강하고 진하다. 아마도 장미와 다르게 열매를 맺어서 달콤한 향이 진한가 보다. 해당화 열매가 우리가 아는 로즈힙이다. 로즈힙이 커지기 전에 해당화를 따서 꽃차로 만들어 준다. 찻잎과 꽃잎을 함께 섞어 차에 꽃향이 스미게 하는 과정을 '음화 과정'이라 한다. 음화 과정은 두 가지 방법이 있는데, 생화를 사용하는 과정과 마른 꽃을 사용하는 과정이다.

생화가 향이 짙어서 찻잎에 생화를 섞으면 꽃향이 더 잘 밴다. 하지만 이 과정은 생화를 일일이 손으로 거르는 작업을 해야 하기 때문에 손이 많이 간다. 그래서 나는 건조된 해당화 꽃차와 함께 블렌딩 한다. 생화로 음화하는 것보다 시간은 오래 걸리지만, 시간이 지날수록 향이 더 짙어진다. 그래서 누와라 엘리야 홍차와 해당화 꽃차를 함께 오래 두고 보관한다.

보통 2달 정도 지났을 때 가장 좋은 향이 난다. 수시로 향이 잘 배고 있는지 살펴보다가 가장 맛있게 향이 뱄다고 생각되는 때 꺼내서 마신다.

내가 스리랑카에서 느꼈던 진한 누와라 엘리야 향이 닿기를 바란다.

Recipe	누와라 엘리야 8g, 한국 해당화 2g
침출 방법	블렌딩 티 2g / 98~95도, 물 300ml / 3분 우림
향미	산딸기 향처럼 달콤하고 화사한 머스캣향이 입안을 감돈다.

스리랑카의 누와라 엘리야

누와라 엘리야에서 찻잎을 따는 타밀족 여인

가을밤에 어울리는 블렌딩 티
AUTUMN NIGHT TEA

티 블렌딩 정원사

가을 밤하늘을 바라보며 Autumn Night Tea

가을밤은 유난히 높고 별이 잘 보이는 것 같다. 저녁이 짙어져 가며 시원한 바람이 불고, 하늘에서는 별들이 천천히 나타나기 시작한다. 가을밤에는 집주변을 산책하는 걸 즐기는데 고요한 시간에 귀뚜라미 울음소리를 듣기 위해서이다. 귀뚜라미 울음소리는 가을밤의 고요한 아름다움을 더 깊어지게 한다.

우리 집은 1층에 있어서 베라다 문을 열어 놓으면 거실에 앉아서도 귀뚜라미의 울음소리를 들으며 가을의 분위기를 즐길 수 있다. 짧은 가을을 한껏 즐기는 방법이다.

짙어지는 밤, 시원한 바람, 귀뚜라미 소리와 함께 깊은 맛과 향으로도 가을밤을 느끼고 싶어서 만든 차가 '가을밤 블렌딩 티 Autumn Night Tea'이다.

가을의 열매인 자색고구마, 호박, 유자, 모과, 계화 블렌딩으로 가을을 생각하며 티를 블렌딩했다. 생강나무꽃은 봄에 피지만, 가을밤을 표현하기에 좋은 재료가 되기에 선택했다.

습기가 많은 여름엔 차를 보관하기 어렵다. 차를 개봉할 때마다 습이 들어가 맛과 향이 떨어지기 때문이다. 그래서 가을에 차를 마실 땐, 습이 많이 들어가거나 오래 묵은 찻잎을 먼저 팬에 덖어주면 좋다. 덖는다는 것은 차 자체의 수분만으로 찻잎을 로스팅한다는 뜻이다. 찻잎의 수분이 날아가면서 예전의 차맛이 다시 살아난다.

깊어져 가는 가을, 가을밤 블렌딩 티를 즐기며 가을의 정취를 오롯이 느껴보자.

Recipe	자색고구마 2.5g, 호박 3g, 유자 1g, 모과 0.8g, 생강나무 꽃차 2g, 계화 0.2g
침출 방법	블렌딩 티 3g / 100~95도, 물 300ml / 2분 우림
향미	고구마 호박의 달큰함이 부드럽게 감싸주고 유자와 모과의 향이 한층 더 향긋하게 잡아주어, 언제든 편하게 마시기 좋은 블렌딩 티이다.

감기 예방을 위한 블렌딩 티
NOVEMBER SPICE TEA

11월이지만 따뜻해 November Spice Tea

유독 11월이 되면 힘들어하는 친구가 있다. 이유를 물어보니 앞으로 추워질 일만 남아있고 한 장 밖에 남지 않은 달력을 보고 있노라면 마음이 조급해진다고 한다. 나도 더위보다는 추위를 힘들어하는 편이라 차라리 더운 게 낫다는 생각도 한다.

늦은 가을비가 내리는 어느 날, 11월을 힘들어하는 친구를 위해 블렌딩 티를 준비해 본다.

스모키한 향과 묵직한 바디감이 특징인 운남 전홍에 목재향이 나는 루이보스를 블렌딩 해 공방 한 편에 있는 편백나무 선반처럼 묵직하지만 산뜻한 향을 만든다. 거기에 스파이시한 목련꽃과 생강, 그리고 레몬 버베나를 추가한다. 레몬 버베나에 풍부하게 들어있는 비타민C와 생강의 스파이시한 풍미는 감기 예방에 효과적이다. 그리고 전체적인 부드러운 어울림을 위해 실론 시나몬을 넣어준다. 마지막으로, 달큰하게 어우러지도록 감초를 넣는다.

티포트에 물을 올리고, 곧 도착할 친구를 위해 공방을 따뜻하게 데우며 친구를 기다린다. 공방의 따스한 공기가 친구의 지친 몸을 감싸주고, 따스한 미소가 얼어있는 마음을 녹여주고, 음악과 나무 선반에서 뿜어내는 포근한 향기가 친구의 오감도 녹여주길….

그리고, 금방 블렌딩한 'November Spice Tea'에 뜨거운 물을 부어 따뜻한 차 한잔을 방금 도착한 친구에게 건넨다. 묵직한 차의 향기가 얼어있는 친구의 마음속까지 녹이면, 달콤한 치즈 케이크 한 조각으로 우리의 페어링이 시작된다.

추위가 시작되는 11월에 마시는 블렌딩 티는 어린 시절 추위에 떨다 집으로 돌아온 내게 건네던 엄마의 핫초코 한잔처럼 따뜻하다. 3월의 봄볕이 우리의 언 마음을 녹일 때까지 우리가 흔들리지 않도록 따뜻함을 지켜줄 것이다.

Recipe	운남 전홍 4g, 루이보스 2g, 레몬버베나 1.5g, 실론 시나몬 0.5g, 생강 1g, 목련 0.5g 감초 0.5g
침출 방법	블렌딩 티 2.5g / 100도~98도, 물 300ml / 3분 우림
향미	묵직하고 스모키한 전홍과 루이보스가 먼저 입안을 감돌고 생강과 목련의 스파이시함이 감초와 만나 달큰한 맛으로 마무리된다.

수족냉증을 위한 블렌딩 티
HEART WARMING TEA

움츠러든 몸과 마음을 따뜻하게 Heart Warming tea

병은 아니지만, 항상 추운 계절이 시작될 때쯤 나를 괴롭히는 증상이 수족냉증이다. 수족냉증은 추위를 느끼지 않을 만한 온도에서도 손이나 발에 지나칠 정도로 냉기를 느끼는 상태를 말한다. 손과 발이 시릴 땐 두꺼운 수면 양말을 신거나 핫팩을 이용하면서 견뎌보지만, 증상이 심하면 몸과 마음도 움츠러든다.

그런데 이렇게 몸과 마음이 움츠러들게 되면 수족냉증은 더 심해지기 쉽다. 추운 겨울 아침 이불을 박차고 나오기 어렵지만, 이불 밖 세상으로 나오면 활력있는 하루가 시작되는 것처럼 수족냉증이 있을 때도 용기를 내야 한다. 따뜻한 수면 양말과 어그부츠의 도움을 받더라도 혈액 순환을 위해 몸을 더 열심히 움직여야 한다. 그리고 수족냉증이 심해질 때 움츠린 몸을 펼 수 있도록 나를 도와주는 차가 있다. 이름부터 따뜻한 'Heart Warming tea'

베이스로 선택한 스리랑카의 실론 홍차는 항산화 성분인 폴리페놀이 풍부하여 몸속 염증을 줄여주는 데 도움이 된다. 실론 홍차를 뜨거운 물에 우려서 마시면 몸의 체온이 올라가 수족냉증에도 도움이 된다. 생강, 정향, 카르다몸처럼 스파이시한 향신료도 항염에 뛰어난 성분을 함유하고 있다, 유자와 매화의 향은 향미를 업그레이드 해주고, 캐러멜향도 살짝 더해 기분도 좋아지는 행복한 블렌딩 티를 만들어 준다.

움츠러든 몸과 마음을 펴고 다시 활력을 찾을 수 있도록 해줄 작은 계기가 필요하다. 이 따뜻한 블렌딩 티가 이불 밖 세상으로 나를 끌어내 하루를 활기차게 시작하도록 도와준다. 나를 스스로 대접하고 살피는 마음이 차와 함께 손끝, 발끝으로 전해진다.

Recipe	스리랑카 홍차 5.5g, 실론 시나몬 1g, 생강 1g, 정향 0.5g, 매화 0.5g, 카르다몸 0.5g 유자 껍질 1g, 향료 : 캐러멜향 0.2g
침출 방법	블렌딩 티 2.5g / 100도~95도, 물 300ml / 3분 우림
향미	캐러멜향과 스파이시한 향신료의 조합이 더없이 따뜻하게 느껴진다. 호불호가 없는 향으로 인기가 좋다.

추위를 이겨내는 차이 블렌딩 티
WINTER CHAI TEA

한국인의 입맛에 맞춘 차이 티 Winter Chai Tea

겨울에 어울리는 차이 블렌딩은 홍차와 다양한 허브, 스파이스 향신료의 조합으로 이루어져 있다. '차이 Chai'라는 말은 차를 지칭하는 힌디어로 인도 전통 음료를 지칭한다. 인도인들은 보통 '짜이'라고 발음하며, 홍차에 다양한 향신료와 우유, 설탕을 넣어 끓여 마신다. 쉽게 '인도식 밀크티'라고 생각하면 된다.

인도에서는 어디에서나 이 짜이를 파는 '짜이 왈라(차상인)'를 볼 수 있다. 허름해 보이지만 만드는 품새며 맛이 일품이다. 인도인들은 이 짜이로 하루를 시작하고, 하루에도 몇 잔씩 마신다. 그들의 에너지 드링크이자 일상 음료인 것이다.

'Winter Chai Tea'는 한국인의 입맛에 맞게 향신료가 부담되지 않도록 설계했다. 베이스가 되는 인도의 아삼 홍차(Assam Tea)는 맥아향이 그윽해서 향신료와도 잘 어울린다. 겨울철 스파이시한 향신료가 들어간 차이티를 마시면 몸이 따뜻해지고 면역력을 강화시켜, 컨디션이 침체되는 증상을 줄여준다. 달콤한 바닐라와 캐러멜 착향료를 넣어 피곤하고 나른할 때 마시면 기분도 좋아지도록 블렌딩해 주었다.

추운 겨울 따뜻하게 한잔 마셔도 좋고, 가끔 우유와 함께 끓여서 차이 밀크티로 마셔도 정말 좋은 블렌딩 티이다.

Recipe	인도 아삼 홍차 5g, 실론 시나몬 1.5g, 카르다몸 0.7g, 팔각 0.3g, 생강 1.5g 레몬버베나 1g, 캐러멜 조각/ 핑크 페퍼, 천일홍꽃(조금), 향료 : 바닐라향 0.1%, 캐러멜향 0.1%
침출 방법	블렌딩 티 2g / 100~95도, 물 300ml / 3분 우림
향미	스파이시한 향신료향이 달콤한 캐러멜향, 바닐라향과 어울려 이국적인 풍미에 재미를 더해준다.

건강을
지키는
차
한잔

눈 건강에 도움이 되는 블렌딩 티
EYE BRIGHT TEA

블루베리의 계절에… Eye Bright Tea

해마다 여름이 오면 우리 가족은 블루베리의 계절을 기다린다. 요즘이야 사계절 내내 블루베리를 먹을 수 있지만, 시골 할머니 댁 장독대 곁 몇 그루의 나무에 열리는 블루베리 열매를 따 먹는 맛은 각별하다.

아이들은 마음에 드는 나무를 골라 자기 이름을 따서 나무에 이름을 붙인다. 열매가 익을 무렵 매일 블루베리 열매를 노리는 새들은 할머니 댁에서 키우는 고양이가 쫓아내 준다. 귀한 열매들이다. 무성한 블루베리 잎 사이에서 조심스럽게 열매를 따온 아이들은 블루베리를 실컷 먹는다. 시중에 파는 것보다 모양은 덜 예쁘지만, 바구니 가득 풍성한 추억의 열매들이다.

즐거워하는 아이들을 바라보며 블루베리 잎을 섞어 차를 만든다. 블루베리 열매뿐 아니라 잎에도 시력에 좋은 안토시아닌이 풍부해서 눈의 피로 해소를 돕는다.

여기에 눈에 좋은 루테인이 풍부한 마리골드, 기분 전환을 위해 레몬향 가득한 레몬 머틀을 추가하고, 시원하고 스파이시하게 로즈마리를 더했다. 로즈마리는 뇌의 혈행을 촉진하여 피로한 눈을 풀어주는 데 효과적이라 함께 블렌딩하면 향미와 효능의 상승효과를 기대할 수 있다.

내가 아침에 일어나 가장 먼저 하는 일은 SNS를 보는 일이다. 밤사이 누가 '좋아요'를 눌렀는지, 누가 새롭게 나를 팔로우하는지를 살핀다. 그렇게 SNS에 눈을 돌리다 보면 눈이 쉴 틈이 없고, 마음도 쉴 틈이 없다. 나 자신이 한없이 초라하게 느껴질 때도 있다.

SNS를 통해 무엇이 이루어졌는지만 보고 열매의 달콤함에 심취하다 보면, 주변의 다른 것들이 무가치하게 느껴지기도 한다.

하지만 무가치해 보이는 블루베리 잎으로도 소중한 차를 만들 수 있다. 열매를 남기고 사라지는 푸른 잎사귀들은 아이들에게는 아름다운 추억이 되고, 눈과 마음에 건강한 쉼을 주는 차 한 잔이 되어준다. 블루베리의 계절을 기다리는 이유다.

Recipe	블루베리 잎차 5g, 레몬 머틀 2g, 로즈마리 1g, 메리골드 1g, 남색 팬지 0.5g, 말린 사과 0.5g
침출 방법	블렌딩 티 2.5g / 95도, 물 300ml / 3분 우림
향미	상큼한 레몬 머틀향이 먼저 치고 들어오지만, 메리골드와 블루베리 잎이 부드럽게 바디감을 잡아주고 로즈마리의 스파이시함이 끝맛을 잡아준다.

비염에 도움이 되는 블렌딩 티
JUST BREATHE TEA

계절과 계절 사이 Just Breathe Tea

매년 봄이면 피어나는 많은 꽃들 가운데서도 기품 있고 아리따운 목련. 봉오리가 올라올 때부터 하얗게 꽃을 피울 때까지 눈으로 그 청초함을 즐긴다. 그리고 목련꽃잎으로 목련차를 만든다. 계절과 계절 사이 비염으로 고생하는 나에게, 가족들에게, 소중한 사람들에게 나누기 위해서다.

서늘한 바람이 등을 어루만지면서 슬금슬금 비염이 올라오려 할 때, 아침마다 목련차를 마신다. 아들에게도 등교할 때 보온병에 목련차를 담아 건네주고, 목을 많이 쓰는 직업을 가져서 환절기에 목 관리에 신경을 써야 하는 친구들에게도 선물한다.

목련은 한방에서도 축농증, 만성 비염 같은 호흡기 질환에 좋은 약재로 사용되고 있다. 목련은 봄을 알려주는 화사한 꽃이지만, 차 맛은 의외로 스파이시하다. 애써 꽃피워낸 화사한 목련차에 어울리는 맛을 내기 위해 친구처럼 소중한 재료들의 도움을 받는다.

스파이시한 목련에 로즈마리를 더하고, 기관지에 좋은 도라지를 넣어준다. 그곳에 달콤한 맛을 더해줄 친구들인 허니부쉬와 민들레 뿌리를 초대한다.

허니부쉬는 어디를 가든 분위기를 띄워주는 재간둥이 같은 허브이다. 맛이 순하면서 은은한 단맛도 있어 어느 모임에서든 분위기 메이커로 환영받는 사람 같다. 허니부쉬의 그런 즐거움을 뒷심 있게 받쳐주며 중심을 잡아주는 민들레 뿌리 덕분에 한층 더 깊이 있는 베이스가 됐다.

그리고 로즈마리와 도라지 블렌딩이 스파이시한 목련을 조화로운 맛으로 바꿔주어 전체적인 밸런스가 좋은 블렌딩이 된다.

Recipe	허니부쉬 4g, 민들레 뿌리 2g, 로즈마리 1.5g, 목련 0.5g, 도라지 2g
침출 방법	블렌딩 티 2.5g / 98~95도, 물 300ml / 3분 우림
향미	부드럽고 향긋한 향미에 스파이시함이 막힌 목과 코를 시원하게 뚫어주어 코가 막혔을 때 마셔주면 좋다.

꽃차를 다루는 일은 언제나 화려해 보이지만, 일을 하다 보면 목련의 맛처럼 스파이시해져야 할 때도 있다. 때로는 치열하게 고민하며, 외로운 결정을 내려야 한다. 하지만, 이렇게 지치고 외로울 때도 허니부쉬와 같은 친구들이 화사한 향미를 더해준다. 계절과 계절 사이, 새로운 계절을 준비하며 나의 삶에 향미를 더해주는 친구들에게 이번에는 목련차에서 한 단계 업그레이드된 'Just Breathe Tea'를 선물해 봐야겠다.

산목련

기관지에 도움이 되는 블렌딩 티
COUGH DROP TEA

세상에서 제일 듣기 싫은 소리…… Cough Drop Tea

늦은 밤 아이들의 기침 소리만큼 부모의 마음을 근심하게 만드는 건 없는 듯하다. 커가면서 조금씩 줄어들기는 했지만, 아이들이 어렸을 때는 아이들의 기침 소리에 참 많이도 깼었다. 기침이 멈출 때까지 아이들도 나도 다시 잠들기 힘들었다.

그런 일이 지속되다 보니 지푸라기라도 잡는 심정으로 도라지청처럼 기관지에 도움이 된다는 음식들을 이것저것 찾아서 먹이기도 하고, 한의원을 찾기도 했다. 하지만 아이들은 타는 엄마의 속을 아는지 모르는지, 약이 쓰다고 먹기를 거부하고 칭얼거리기 일쑤였다. 그래서 아이들의 기관지를 좋게 하면서도 입맛에 맞는 티 블렌딩을 만들면 좋겠다고 생각했다.

아이들의 입맛을 고려해 단맛이 나는 허니부쉬를 베이스로 선택한다. 그리고 오미자로 상큼한 맛을 더한다. 오미자의 상큼한 맛은 아이들도 충분히 즐길 수 있다. 오미자는 호흡기를 관리하기에 매우 좋은 식품으로 알려져 있다. 폐에 있는 가래를 제거하고 기침을 완화하는 데 도움을 준다. 또한, 기관지 건강에 도움이 되는 도라지를 넣어주는데 실론 시나몬과 함께 블렌딩해서 오미자의 새콤함과 도라지의 알싸한 맛을 부드럽게 연결시켜 준다. 마지막으로 아이들이 좋아하는 복숭아꽃을 넣어 예쁘게 장식해 주었다.

아이들이 기침이 심해지는 계절이 되면 이렇게 기관지에 도움이 되는 블렌딩 티를 만들어 밤마다 티타임을 가진다. 씁쓸한 도라지청이나 약 대신 간식과 함께 건네주는 차 한잔을 아이들이 즐겁게 마시고, 한 잔 더 마시고 싶다고 요청할 때마다 보람을 느끼게 된다.

Recipe	허니부쉬 5g, 오미자 2g, 도라지 2.3g, 실론 시나몬 0.5g, 복숭아꽃 0.2g
침출 방법	블렌딩 티 2.5g / 98도~95도, 물 300ml / 3분 우림
향미	허니부쉬의 달콤함과 실론 시나몬의 부드러움이 도라지의 씁쓸함과 오미자의 신맛을 부드럽게 감싸준다. 차가 식으면서 나는 복숭아꽃의 향이 기분을 좋게 해준다.

숙취 해소에 도움이 되는 블렌딩 티
HANGOVER CURE TEA

컨디션 대신 한 잔 Hangover Cure Tea

직업상 어쩔 수 없이 술을 자주 마셔야 하는 분들도 있고, 술을 좋아해서 즐겨 마시는 분들도 있다. 요즘 숙취해소제가 다양한 형태로 나오는 걸 보면서 차로 만들면 어떨까 싶었다. 주위에 건강을 챙겨주고 싶은 분들의 얼굴이 떠오른다. 피곤함에 찌든 몸과 마음을 잠시라도 쉬게 해주고 싶다.

열을 내려주는 연잎과 국화. '마시는 에센스'라 불리는 구기자가 둘의 사이를 부드럽게 연결해 준다. 여기에 달큰한 맛과 시원한 청량감을 더해주기 위해 대추와 민트로 마무리했다. 숙취 해소뿐만 아니라 몸에 열이 많으신 분들에게도 좋은 차이다.

항암 치료 받으면서 몸에 열이 올라 힘들어하는 분이나, 갱년기 열감으로 밤에 땀을 흘리는 분들에게 이 블렌딩 티가 도움이 되길 바란다.

구기자

Recipe	연잎차 3g, 국화 2g, 대추 2g, 구기자 2g, 페퍼민트 1g, 스테비아 조금
침출 방법	● **Hot :** 블렌딩 티 2.5g / 95~85도, 물 300ml / 5분 우림 ● **Cool** : 1) 냉침 : 티 2g / 상온의 물 300ml /냉장 보관 6시간 / 물처럼 마신다. 　　　　 2) 급랭 : 티 3g / 뜨거운 물 150ml / 5분 우린 후 거르고 얼음을 채운 잔 위에 부어 시원하게 마신다.
향미	은은한 풀향과 시원한 향미가 있어 냉침해서 마시면 더욱 좋다.

역류성 식도염에 도움이 되는 블렌딩 티
RELAX SUPPORT TEA

바쁘다 바빠, 현대인을 위한 차 Relax Support Tea

남편의 건강검진 결과를 보니 가벼운 역류성 식도염이 있단다. 안 그래도 요즘 속 쓰림을 자주 느끼곤 했다. 그런데 다음날 회사에 다녀온 남편이 흥미로운(?) 얘기를 해주었다. 역류성 식도염이 생겼다는 말을 직장 동료들에게 했더니 놀라더라는 것이다. 본인들은 벌써 오래전부터 앓고 있었는데 그걸 이제야 겪냐면서 말이다. 웃어야 할지 울어야 할지….

직장에서의 업무 스트레스, 기름진 점심 식사와 늦게까지 이어지는 저녁 회식, 잠시 쉬는 시간마다 마시는 커피, 야식의 유혹…. 지친 남편의 위와 식도를 달래주기 위해 역류성 식도염에 좋은 'Relax Support Tea'를 만들어 본다.

주인공은 코리앤더(고수) 씨앗이다. 코리앤더 씨앗은 풋내가 나면서 시원한 코리앤더 향 대신 화사한 레몬의 향기가 나고, 강하지는 않지만 스파이시한 맛을 낸다. 고대 이집트에서부터 약과 요리에 널리 쓰일 만큼 위장 기능을 강화하는 효과가 있다. 거기에 코리앤더 씨앗의 화사한 향을 눌러줄 수 있는 민들레 뿌리, 캐모마일, 현미를 블렌딩하고, 무게감 있는 팔각과 정향의 향기를 더해준다.

역류성 식도염 증상은 주로 아침과 밤에 심하기 때문에 안정된 수면을 취할 수 있도록 가급적 카페인이 포함되지 않은 허브를 베이스로 선택했다. 팔각과 정향의 묵직한 향은 차향을 한 번 더 깊이 있게 눌러주면서 위를 편안하게 감싸줄 것이다.

남편에게 줄 'Relax Support Tea'를 만들다 보니 문득 남편의 직장 동료들도 걱정이 된다. 역류성 식도염은 직장인들에게 친숙한 야식, 음주, 흡연이 직접적인 원인이지만, 스트레스를 받지 않고 즐겁게 생활하는 것도 증상 완화에 큰 도움이 된다고 한다. 역류성 식도염을 앓고 있다는 직장 동료들, 하루에 여러 시간을 함께 지내다 보면 (원치 않아도) 스트레스를 주고받을 것 같아서 그분들께 전해줄 티까지 넉넉하게 블렌딩 한다. 이 블렌딩 티를 즐겁게 나눠 마시면서 스트레스도 날리고, 마음이 한층 가볍고 편해지길 바라는 소망도 한껏 담았다.

Recipe	캐모마일 3g, 민들레 뿌리 2g, 현미 3g, 코리앤더 씨앗 1g, 정향 0.2g, 팔각 0.3g, 재스민 0.5g
침출 방법	블렌딩 티 2.5g / 100~98도, 물 300ml / 5분 우림
향미	뜨겁게 해서 바로 마실 땐 묵직한 향신료의 향이 치고 들어오지만 이내 밝고 가벼운 캐모마일과 재스민이 고개를 내밀어 화사하게 마무리된다.

두통에 도움이 되는 블렌딩 티
MIND SPRING TEA

염려에 대한 중독성 Mind Spring Tea

모파상 단편선 중 <목걸이>라는 소설이 있다. 부유하지 않은 주인공이 사교 파티에 가느라 친구에게 빌린 값비싼 목걸이를 잃어버린다. 자존심 강한 주인공은 친구에게 그 사실을 차마 말하지 못한다. 울며 겨자 먹기로 여기저기 빚을 져서 가장 비슷한 목걸이를 사 친구에게 가져다준다. 이후 빌린 돈을 갚기 위해 주인공은 10년간 쉴 틈 없이 일하며 비참한 삶을 산다. 오랜 시간이 흘러 주인공은 빚을 다 갚게 되고 우연히 목걸이를 빌렸던 친구를 만나 목걸이를 분실한 이후 자신의 삶이 얼마나 괴로웠는지에 대해 이야기한다. 친구는 그 잃어버린 목걸이가 사실 가짜였다고 안타까워하면서 소설은 끝이 난다.

어린 시절에 읽었던 이 소설이 문득 생각나면서 내 인생도 가짜 목걸이 같은 쓸데없는 염려 때문에 소진되고 있지 않은지 되돌아보게 되었다. 어릴 때부터 예민한 성격에다 사업을 하면서 많은 사람을 만나다 보니 온갖 염려를 하게 되었고, 염려가 어느새인가 습관으로 자리 잡으면서 두통이 종종 찾아오기도 했다. 이 두통을 극복하기 위해 평소 내가 두려워하고 염려하는 게 무엇인지 실체를 파악해 보려고 노력 중이다. 그리고 두통에 도움이 되는 'Mind Spring Tea'를 즐겨 마신다.

'Mind Spring Tea'는 차가운 성질을 가진 재료들이 들어있는 블렌딩 티이다. 두통은 머리에 열이 많이 올라간 상황에서 오기 쉽다. 또한 간이 스트레스를 받아 열을 받으면 차가운 성질의 차로 다스려야 하기 때문이다.

국화와 로즈메리는 머리를 맑게 해주어 두통 완화에 좋고, 감잎차는 피로 회복에 좋다. 함께 블렌딩 했을 때 맛과 향, 효능도 상승시켜 준다. 더불어 상큼 달콤한 베리류와 메리골드, 구기자를 더해 지루하지 않고 다채로운 맛을 느끼게 해준다.

Recipe	감잎차 3.5g, 국화 2g, 로즈메리 1g, 메리골드 0.5g, 히비스커스 & 건과일(엘더베리/건포도) 2g 구기자 1g
침출 방법	블렌딩 티 2.5g / 95~90도, 물 300ml / 5분 우림
향미	은은한 꽃향과 고급스러운 베리류의 산미가 조화롭게 밸런스를 이룬다. 피로를 풀어주고 시원한 끝맛에 머리가 맑아지는 느낌이다.

마음에 염려가 쌓여 머리가 아플 때는 그 염려에 머물러 있지 말고, 실체를 파악해 보자. 의외로 별 것 아닐 수도 있고, 다르게 접근해 볼 수 있다. 마음을 다독여주는 '마인드 스프링 티'도 함께 한다면 도움이 될 것이다.

체지방 분해에 도움이 되는 블렌딩 티
SLIM FORM TEA

점점 늘어나는 뱃살이 걱정될 때 Slim Form Tea

사회적으로 비만이 큰 이슈가 된 지 오래다, 건강이나 미용을 위해 체지방 감량에 관심을 가지는 사람들도 많다. 그러나, 체지방을 급하게 줄여보겠다고 무리한 운동을 하거나 무작정 식사량을 줄이다 오히려 건강을 해치는 경우도 보게 된다.

몇 년 전 우리 남편도 살을 빼겠다고 웨이트 트레이닝을 시작하고 닭가슴살 같은 고단백 식품을 챙겨 먹으며 식이조절을 했다. 몇 달 후 인바디 테스트에서 체지방이 약간 감량된 결과를 보고 뿌듯해했었다. 하지만 그때뿐이었다. 사정이 생겨 운동과 식사를 중단하자 금세 다시 원래대로 돌아왔다. 그러던 남편이 몸이 안 좋다면서 2년 전부터 필라테스를 시작했다. 과격하게 땀 흘리는 운동이 아니라 천천히 느리고 꾸준하게 근육을 단련하는 운동이어서 처음엔 답답해했는데 주 2회씩 꾸준히 하더니 몸의 변화를 조금씩 느끼고 있다. 강한 운동을 몰아서 할 때보다 변화가 더딘 것 같지만 꾸준히 조금씩 운동을 하면서 몸의 아픈 곳도 사라지고, 근육도 붙게 되고 (믿거나 말거나) 키도 좀 커졌다고 한다.

음식도 마찬가지다. 답답한 마음에 빠르게 살을 빼려고 음식을 줄이거나 고단백질 식사로 급격하게 바꾸기보다는 시간을 두고 조금씩 식습관을 개선하는 게 오래가고, 요요도 오지 않는다.

매일 마시는 차도 오랜 기간 꾸준히 마시면 체지방 분해에 도움을 줄 수 있다. 물론 이 차를 한 달간 마신다고 해서 당장 체지방이 눈에 띄게 줄지는 않을 것이다. 하지만 매일 즐겨 마시던 음료나 커피 대신에 'Slim Form Tea'를 꾸준히 마신다면 몸매도, 식습관도 바뀔 것이다.

보이차와 우롱차에는 '갈산'이라는 성분이 풍부하게 함유되어 체지방 분해에 도움을 준다고 알려져 있다. 그리고 실론 시나몬은 혈당과 콜레스테롤 수치 감소에 도움을 준다. 보이차와 우롱차를 베이스로 시나몬과 생강으로 부드럽고 스파이시하게 블렌딩 했다. 홍화와 복숭아꽃은 차를 마시는 동안 기쁨을 더해준다. 특히 겨울철에는 우리는 대신 끓여 마시면 더욱 부드럽게 마실 수 있다. 몸도 따뜻해지고 순환도 잘되어 체지방 분해에 도움이 될 것이다.

삶에서 꾸준한 여러 생활 습관들이 도움이 되듯 매일 체지방 분해에 도움을 주는 차를 즐겨 마시는 습관을 길러보면 어떨까.

Recipe	보이차 3g, 청향 우롱차 3g, 실론 시나몬 1g, 생강 1.5g, 홍화 0.5g, 복숭아꽃차 0.1g
침출 방법	1. 우리기: 잘 섞은 블렌딩 티 2.5g / 100~95도, 물 300ml / 3분 우림 2. 끓이기: 블렌딩 티 3g / 물 1L / 15분 정도 중불에 끓여준다.
향미	보이차와 시나몬의 묵직한 향과 맛이 먼저 느껴지고 부드러운 우롱의 향미가 올라온다. 생강의 스파이시함이 뒷맛을 시원하게 해준다.

신진대사에 도움이 되는 블렌딩 티
STRENGTHEN TEA

주인공의 단점을 가려주는 조연들 Strengthen Tea

신진대사란 우리가 생명을 유지하고 활동하기 위해 몸속에서 일어나는 반응을 말한다. 간단히 말해, 음식을 먹어서 에너지를 만들고, 필요 없는 물질은 몸 밖으로 배출시키는 작용이다. 신진대사가 활발할수록 더 많은 칼로리를 태워 체중을 조절하고, 면역력을 높여 건강을 유지하는 데 도움이 된다. 하지만 현대인의 바쁜 생활과 편리한 식습관은 신진대사를 둔화시킨다.

혼자 일을 하다 보면 종종 경황이 없어 제때 끼니를 챙기지 못하게 될 때가 있다. 그렇게 한 끼를 건너뛰게 되면 소화가 잘되는 좋은 음식보다는 간단히 먹을 수 있고 자극적인 분식을 먹고 싶다는 생각이 강해진다. 그러다 결국 저녁에 밀가루 음식으로 폭식을 하게 된다. 다음날 몸이 붓고 무겁게 느껴지는 건 당연한 일. 때때로 차를 타고 아침 일찍 이동해야 하는 날엔 목적지에 도착해서 허기진 배를 대충 채우고 노곤해서 잠이 들게 된다. 그러면 신진대사가 제대로 이루어지지 않아 속이 좋지 않고, 두통이 오기도 한다.

매일 삼시 세끼 챙겨 먹다 보면 이렇게 '한 끼 정도는, 한 번 정도는 괜찮아' 하고 넘어가기 쉽다. 하지만 바쁘고 경황이 없을수록 내 몸을 더 생각하고 챙겨줘야 한다. 그 후의 후유증을 생각해 보면, 오히려 이럴 때일수록 더 좋은 음식을 먹어야 하는 것이다. 잠시 신경을 쓰는 것만으로도 컨디션을 유지할 수 있고, 결과적으로 훨씬 더 시간을 효율적으로 사용할 수 있다.

바쁜 생활 속에서 둔화되기 쉬운 신진대사에 도움이 되는 티 블렌딩을 만들었다. 주인공은 머위와 모링가이다. 머위와 모링가(Moringa)는 해독작용과 항암, 혈관 건강에 도움이 된다고 알려져 있다. 실제로 모링가는 '인도의 산삼'이라 불릴 정도로 많은 효능을 가지고 있다. 하지만 머위와 모링가를 차로 마시면 풀향이 강해 비릿하고 거북한 감이 있다.

Recipe	머위잎 3g, 모링가잎 3g, 히비스커스 1g, 로즈힙 1g, 레몬그라스 1g, 오렌지 필 0.7g, 재스민 0.3g
침출 방법	블렌딩 티 2.5g / 95~90도, 물 300ml / 3분 우림
향미	머위와 모링가의 풀향은 히비스커스와 시트러스한 과일의 향미로 가려지고 끝에 청량감이 입안을 감싼다.

이런 부분을 보완하는 것이 블렌딩의 묘미이다. 원재료의 단점을 보완해 주는 부재료를 선택해 균형감 있고 맛있게 마실 수 있는 차로 탈바꿈해 주는 것이다. 이번에는 시트러스한 오렌지 필(Orange Peel)과 상큼한 히비스커스를 함께 블렌딩 해 화사한 향미를 입혔다. 건강에 좋다고 알려진 차들을 그냥 약처럼 참고 마시기보다는 좋아하는 향미들을 추가해서 마신다면 자주 손이 가고, 티타임이 한층 더 즐겁게 느껴진다. 맛뿐 아니라 효능도 높여주는 건 덤이다. 이게 바로 티 블렌딩의 역할이다.

원활한 신진대사처럼 우리의 건강에 중요한 것은 없을 것이다. 평소 기력이 없다고 느껴질 때 마셔도 좋겠지만, 바쁜 생활 속에서 균형 잡힌 식단을 지켜나가면서 'Strengthen Tea'로 충분한 수분도 섭취하길 추천한다.

소화에 도움이 되는 블렌딩 티
DIGESTION TEA

향신료도 차로 마시나요? Digestion tea

우리 가족 모두 고기를 좋아한다. 주말에 직접 고기로 요리를 만들어 주면 밥을 잘 먹지 않던 아이도 한 그릇을 뚝딱 비우곤 한다. 가끔은 단조로운 고기 레시피에 질리게 되면 유용하게 쓸 수 있는 게 바로 향신료다. 고기를 삶을 때 월계수 잎을 넣는 정도는 요즘 일상적으로 사용되는 방법이지만, 팔각, 정향, 코리앤더와 같이 평소 잘 사용하지 않은 향신료들을 더하면 평범한 요리가 고급스러운 향을 입고 색다르고 이국적인 요리가 된다.

향신료는 향을 입힐 뿐만 아니라 소화에도 도움이 된다. 그중에서도 코리앤더 씨와 펜넬을 눈여겨보자. 실제로 육류를 많이 먹는 중동에서는 펜넬과 코리앤더 씨로 미리 마리네이드해두었다가 요리하기도 한다. 육류의 잡내를 잡아주고 새로운 향을 주기도 하지만, 소화를 도와 한층 더 즐겁게 식사를 즐길 수 있다.

우리나라에서도 인도나 네팔 음식점에 가면 계산대에 펜넬을 두는 걸 볼 수 있다. 우리나라 식당의 박하사탕 격이랄까. 그래서 인도나 스리랑카처럼 향신료를 많이 사용하는 나라에서는 위장병 환자를 찾아보기 어렵다고 한다.

소화에 도움이 되는 향신료들을 차로 만들어서 마실 수도 있다. 우리나라에서는 이국의 향신료들을 접할 기회가 많지 않다 보니 클래스에 오시는 분들도 차에 향신료가 쓰인다는 이야기에 놀라시기도 한다. 그래서 향이 강한 향신료들은 베이스로 사용하기보다 소량만 첨가해서 호불호 없이 마실 수 있도록 블렌딩 하는 것이 중요하다.

소화에 도움이 되는 티 블렌딩은 한국인들이 친숙하게 느끼는 민들레 뿌리와 머위를 베이스로 했고, 향신료는 소량만 넣어 향미를 보완하면서 블렌딩 했다. 처음에는 향이 강해 차로 마시면 괜찮을지 우려하는 마음이 들겠지만, 새로운 향미에 대한 기대감으로 차를 대하다 보면 점점 향신료가 주는 향에 매력에 빠지게 될 것이다. 소화가 잘 안되거나 평소에 더부룩한 체증이 느껴진다면 식후에 'Digestion Tea'를 마시길 강력 추천한다.

스피어민트

Recipe 민들레 뿌리 4g, 머위잎 2g, 로즈힙 1.5g, 스피어민트 1.5g, 펜넬 0.3g, 코리앤더 씨 0.5g, 금어초 0.2g
침출 방법 블렌딩 티 2.5g / 95~90도, 물 300ml / 3분 우림
향미 먼저 스피어민트와 어우러진 향신료향이 코끝을 찌르듯 강한 인상을 주지만 마시다 보면 민들레 뿌리의 구수함이 위를 편하게 해주고 시원하게 해준다.

생리통에 도움이 되는 블렌딩 티
MENSTRUAL CARE TEA

엄마의 따뜻한 마음을 담아 Menstrual Care Tea

한국의 대표적인 꽃차인 구절초의 꽃말은 '엄마의 사랑'이다. 예전에는 딸이 시집갈 때 혼수 품목으로 챙겨주고, 해산하고 오면 구절초를 가마솥에 덖어 딸에게 마시게 했다고 한다. 그만큼 부인병 치료에 효능이 좋다고 알려져 오래전부터 한방과 민간요법에서 꽃차와 환 등으로 다양하게 섭취해 왔다.

구절초(九節草, Korean Chrysanthemum)라는 이름은 음력 9월 9일이 즈음이 되며 아홉 개의 마디가 생긴다고 해서 붙여졌다고 하는데, 이때가 약효도 가장 좋다고 한다.

구절초 꽃차를 마시면 정말 엄마의 포근함이 느껴진다. 그래서 나는 해마다 초가을이 되면 구절초 꽃차를 만들어 마시곤 한다. 구절초차는 자궁을 따뜻하게 해줘 생리통과 생리불순에도 도움이 된다. 생리통으로 고생하고 있다면 구절초차를 마셔보자.

구절초만 단독으로 우려서 마실 때, 오래 우리면 쓴맛이 강하게 느껴진다. 그래서 여러 재료를 블렌딩해 구절초의 쓴맛을 감소시켜 주고 효능이나 향을 배가시켜 준다.

라즈베리잎, 쑥, 구절초, 맨드라미는 여성 자궁에 좋다고 알려져 있다. 재료 본연의 향과 맛이 강하기 때문에 실론 시나몬이 들어가면 한층 향미가 어우러지고 부드럽게 된다. 또한, 장미와 로즈힙으로 약간의 시트러스한 향과 맛을 돋워주면 자궁에 좋은 효능도 강해지고 맛과 풍미도 좋아진다.

딸을 향한 엄마의 마음처럼 부드럽고 포근한 블렌딩 티이다. 아픈 배를 쓸어주고 어루만지던 엄마의 약손처럼 딸에게 주는 따뜻한 선물이 되길 바란다.

Recipe   라즈베리잎 4g, 쑥차 3g, 시나몬 1g, 로즈힙 1g, 장미 0.5g, 구절초 0.2g, 맨드라미 0.3g
침출 방법   블렌딩 티 2.5g / 100~98도 물 300ml / 3분 우림
향미   동양적인 약재향이 올라오기도 하지만 전반적으로 부드럽게 감싸주어 편안하다. 차를 다 마신 후엔 몸이 따뜻해져 생리통 완화에 좋다.

구절초 꽃차

갱년기에 도움이 되는 블렌딩 티
I SEE TEA

그랬구나, 그 말이 그렇게 힘들어? I See Tea

나의 30대는 육아로 점철된 시기였다. 누구의 엄마, 누구의 아내로 살다 보면 어느덧 내가 없어지는 느낌이 들어 그냥 모든 것이 화가 나고 힘들었다. 그럴 때 남편과 이야기하다 보면 마음이 풀리기도 하지만, 어떨 때는 더 화가 났다. 난 그저 오늘 내가 얼마나 힘들었는지 그냥 이해받고 싶었던 것뿐인데…. 남편은 꼭 문제를 짚어내 해결책을 제시하려고 한다. 남자와 여자의 차이라고 머리로는 이해하지만, 마음으로는 이해 불가다.

우리 인생에서 무언가 허무하게 느껴지고, 마냥 힘들고 해결이 안 되는 느낌이 드는 순간이 있다. 그럴 때 '그렇구나~' 이 한마디가 위로가 될 수 있다. 그거면 된다.

많은 사람들이 내게 차를 어떻게 시작하게 되었냐고 물어본다. 육아로 지쳤던 시기에는 혼자만의 고요한 시간을 갈망하며 버텼다. 아이가 잠들고 나면 혼자 차를 마시는 시간을 가졌다. 그때 차는 나에게 마치 '그랬구나~'라고 말해 주는 것 같았다. 그 시절 차는 나에게 많은 위로와 위안이 되었고 결국 여기까지 이르게 했다.

여성에게 좋은 쑥차는 첫 어린 쑥으로 만들어야 부드럽고 순하다. 3월 첫 이른 싹으로 만든 쑥차와 시트러스한 레몬 버베나로 향을 올려주고 카카오 닙스(Cacao Nibs : 카카오 빈의 껍질을 제거하고, 발효시킨 후 건조, 로스팅 과정을 거쳐 먹기 좋게 부순 것)와 건포도로 달큰함을 더해 기분을 좋게 해준다. 그리고 라벤더의 향미로 불안한 마음을 다독여준다.

이 차가 나에게 수많은 위로를 준 것같이 육아나 갱년기로 힘든 분들에게 위로를 주길 바란다.

Recipe   쑥차 3.5g, 레몬 버베나 2g, 맨드라미 1g, 해당화 0.5g, 라벤더 1g, 카카오 닙스 & 건포도 2g
침출 방법   블렌딩 티 2.5g / 100~98도 물 300ml / 3분 우림
향미   부드러운 쑥향에 묵직하면서도 달달한 카카오의 향미, 달콤한 건포도의 맛이 마음에 위안을 준다.
마지막에 라벤더향이 마음을 고요하게 하고 포근히 감싸준다.

모유 수유에 좋은 블렌딩 티
NURSING MAMA TEA

수유 중인 여성에게 Nursing Mama Tea

모유 수유의 채유를 돕는 블렌딩 티에는 펜넬이 반드시 들어가야 한다. 펜넬 차는 펜넬의 씨앗으로 만들어진 차이다. 펜넬은 속이 빈 줄기와 노란색 꽃이 있는 키가 큰 허브이며 원산지가 지중해이지만 지금은 전 세계에서 재배되고 있다. 소화를 돕고 항산화, 항균, 항염증 효과가 있으며, 기관지염증이나 관절염 등에도 좋다고 알려져 지난 수 세기 동안 여러 질환을 치유하는 약용식물로 사용되었다.

펜넬은 모유의 질과 양을 향상시키는 물질인 '갈락타고그(Galactagogue, 젖분비 촉진제)'가 풍부하게 함유되어 있어 모유 수유를 하는 엄마에게 도움을 준다. 이런 펜넬의 효능이 잘 발휘될 수 있도록 블렌딩 했다.

베이스로는 달큰한 허니부쉬와 여성 자궁 건강에 좋은 라즈베리잎을 더 했다. 허니부쉬는 카페인이 없고 위에 부담이 없으며 항산화 성분이 풍부하다. 펜넬 특유의 채소향을 순화시키고 맛도 부드럽게 해준다. 더불어 금잔화 꽃을 넣어 눈으로 먼저 마시면서 즐거움을 느낄 수 있도록 했다.

모유 수유는 엄마에게 큰 기쁨이면서 동시에 육체의 한계를 느끼게도 한다. 수면이 부족하고 피로한 엄마가 잠시 쉬어가며 재충전하는 시간이 되길 바란다.

Recipe	허니부쉬 5g, 라즈베리잎 2g, 로즈힙 1g, 펜넬 1g, 금잔화 1g
침출 방법	블렌딩 티 2.5g / 100~98도, 물 300ml / 3분 우림
향미	달큰한 허니부쉬와 상큼한 라즈베리잎, 로즈힙, 펜넬이 조화롭게 어우러진다.

촉촉한 피부를 위한 블렌딩 티
BEAUTY TEA

나에게 맞는 차를 찾아보자 Beauty tea

"마시면 예뻐지는 차가 있나요?"

가끔 이런 질문을 받으면 당혹스럽지만, 당연한 질문이라는 생각도 든다. 마법처럼 한 잔만 마셔도 예뻐지는 차는 없지만, 차 마시는 습관을 들인다면 도움이 될 것이다. 자신에게 맞는 좋은 차를 꾸준히 마셔주면 건강해지고, 건강해지면 아름다워질 수 있으니까.

그렇다면 자기에게 맞는 차를 어떻게 구별할 수 있을까?

좋은 방법은 차를 마실 때 위에 집중하는 것이다. 위에 거슬리지는 않는지, 위가 편안한지 느껴보는 것이다. 입에서 느껴지는 맛보다는 위의 느낌이 더 정확하다. 그래서 나에게 맞는 차를 찾기 위해서는 차를 마신 후 위의 느낌을 살펴야 한다.

그래도 더 예뻐지고 싶어 하시는 분들을 위해 피부 건강에 좋은 차를 꼽자면 캐모마일을 들 수 있다. 캐모마일은 항염증 및 항산화 효과가 뛰어나 피부 염증을 완화하고 자극을 줄여주는 효능이 있다. 또한, 피부 진정 효과가 있어 민감한 피부를 안정시키고 건강한 피부를 유지하는 데 도움을 주기 때문에 캐모마일 추출물이 함유된 화장품이나 비누도 시중에 많이 있다.

캐모마일을 베이스로 블렌딩할 땐 캐모마일의 향이 호불호가 있다는 점을 감안해서 블렌딩 해야 한다. 캐모마일의 강한 사과꽃 향을 조금 눌러 줄 루이보스를 넣어 밸런스를 맞춘 후, 피부에 좋은 히비스커스, 로즈힙, 건과일, 메리골드 등을 함께 넣어 블렌딩하면 피부 건강에 도움을 주는 'Beauty tea'가 완성된다.

'아름다운'이라는 한글의 뜻은 '나다움'이라고 한다. 나에게 맞는 차를 찾고, 차를 마시는 시간을 통해 나다움에 집중해 본다면 진정한 아름다움을 발견해 가지 않을까?

Recipe	캐모마일 5g, 루이보스 1g, 레몬그라스 1.5g, 히비스커스 & 로즈힙 & 건과일 2g, 메리골드 0.5g
침출 방법	블렌딩 티 2.5g / 95도, 물 300ml / 3분 우림
향미	새콤달콤한 과일의 산미와 향이 어우러져 나른한 오후에 활력을 불러일으켜 준다. 아이스 티로 차갑게 마셔도 좋다.

편안히 잠들고 싶을 때
DEEP SLEEP TEA

엄마의 이불 같은 차 Deep Sleep Tea

예전에는 '밥이 보약'이라는 얘기를 많이 했었던 것 같은데, 요즘은 '잠이 보약'이라는 얘기들을 참 많이 듣는다. 몇 년 전만 해도 수면시간을 줄이면서 부지런히 뭔가를 하는 사람이 성공한다는 게 철칙처럼 생각되었었지만, 이제 그런 트렌드도 바뀐 것 같다. 충분한 수면을 취하고, 깨어있는 시간을 집중력 있게 일하는 게 일의 능률에도, 건강에도 훨씬 좋다는 의학 칼럼들을 많이 찾아볼 수 있다.

그렇지만 주변을 보면 불면증으로 고생하시는 분들이 많다. 나도 종종 잠을 이루지 못해 다음날 아침 피곤하게 하루를 시작할 때가 있다. 밤늦게까지 컴퓨터와 스마트폰 앞에서 이런저런 관심사들을 보다 보면(게다가 시간은 또 얼마나 빨리 흘러가는지!) 잠이 오지 않기도 하고, 잠을 빨리 자고 싶어도 막상 침대에 누우면 여러 가지 생각이 많아져서 잠들지 못하기도 한다.

불면증으로 고생하시는 분들은 수면에 도움이 되는 블렌딩 티를 찾으신다. 불면증에 도움이 되는 블렌딩 티를 드시고 수면시간이 조금씩 늘어간다는 얘기를 들으면 보람을 느끼게 된다. 가수 아이유는 불면증으로 힘들 때 할머니의 무릎에서 잠이 들었던 시간을 그리워한다고 들었다. 나도 내 인생에서 편히 잘 수 있었던 때를 생각하며 잠자리에 드는 것 같다. 그렇게 포근하게 잠들었던 순간을 다시 찾기 어렵다면, 마음을 포근하게 해주는 따뜻한 차 한잔을 마시고 잠자리에 들어보자.

한층 깊고 편안한 잠자리를 위해 캐모마일과 생강나무꽃을 베이스로 선택했다. 캐모마일에는 '아피게닌(apigenin)'이라는 플라보노이드 성분이 함유되어 있다. 아피게닌은 뇌를 진정시키고 숙면을 유도한다. 여기에 생강나무 꽃차는 따뜻한 성질로 몸의 혈액 순환에 도움이 되고 포근한 향미가

당아욱 꽃

Recipe   캐모마일 3g, 생강나무 꽃차 3g, 레몬밤 1g, 대추 2g, 라벤더 0.5g, 당아욱 꽃차 0.5g
침출 방법   블렌딩 티 2.5g / 100~95도, 물 300ml / 3분 우림
향미   부드러운 향미가 전체적인 바디감을 잡고 있고, 대추의 단맛이 위를 편안하게 한다.
        당아욱 꽃차 덕분에 보랏빛 수색으로 보는 즐거움을 주고 심신의 편안함을 더한다.

있다. 함께 블렌딩한 레몬밤과 라벤더는 심신의 안정에 도움을 준다. 거기에 대추로 단맛을 더해주고, 정신 건강에 좋은 보라색의 대표주자 당아욱꽃으로 포인트를 주어 시각적인 편안함도 느낄 수 있도록 했다.

할머니의 무릎베개, 엄마가 덮어주시는 따뜻한 이불처럼 편안한 잠을 주는 블렌딩 티가 되길 기대한다.

스트레스 풀고 싶을 때
REFRESH TONIC TEA

스트레스 관리는 매일 Refresh Tonic Tea

인생에서 큰 스트레스를 받게 되는 일이 가끔 생기기도 하지만, 그보다는 매일매일 소소하게 반복되는 스트레스가 훨씬 더 많다.

우리 집은 주차 문제가 매번 스트레스다. 주차장이 협소해서 빽빽하게 주차된 차들 사이로 이중 주차된 차를 밀어내고, 아슬아슬하게 차를 빼는 일들이 반복된다. 그리고 아이가 셋이다 보니 거의 매일 육아 스트레스를 겪는다. 전날 실컷 놀다가 아침에 숙제는 해가야겠다며 학교로 출발해야 할 시간에 숙제를 붙들고 있는 아이들을 재촉하다 보면 스트레스가 점점 쌓여간다.

인생의 큰 스트레스들이야 나도 어쩔 수 없는 일 때문에 생기는 경우가 많으니, 시간이 약이라는 말을 떠올리며 잊어보려 한다. 하지만 일상 속 반복되는 작은 스트레스들은 관리가 필요하다. 스트레스를 받지 않도록 미리 계획하고 좀 더 부지런히 움직이면 스트레스가 생기는 상황을 미연에 방지할 수도 있다.

하지만 모든 일은 계획대로 되지 않는다. 그리고 어쩔 수 없이 스트레스를 받을 수밖에 없는 상황이 생길 수도 있다. 그럴 때는 그 스트레스가 내 마음에 영향을 주지 않도록 멀리 보내버려야 한다. 그때그때 마음을 챙겨주는 일이 필요한 것이다.

잠시라도 시간을 내어 차 마시는 시간을 갖길 권한다. 이왕이면 좋아하는 찻잔을 꺼내 향긋한 차 향기를 천천히 맡으며 잠시 쉬어가자. 이때 마시면 좋은 차가 바로 'Refresh Tonic Tea'이다.

Refresh Tonic Tea는 베이스가 되는 청향 우롱과 허니부쉬로 부드러운 단맛을 연출했고, 히비스커스의 새콤한 향미로 포인트를 주었다. 히비스커스에 포함된 구연산, 비타민C 성분이 신진대사와 혈액 순환을 촉진하여 피로 회복에 도움이 된다고 알려져 있다. 차분한 베이스와 캐릭터가 강한 히비스커스를 연결해 주는 역할은 구기자가 하게 된다. 구기자는 블렌딩에서 맛을 하나로 연결해 주는 연결점 역할과 에센스 역할을 해준다. 그리고 재스민과 서부 해당화로 비주얼과 향을 더해주었다.

따뜻하게 마셔도 좋지만, 탄산수에 냉침해 마시면 상큼함이 배가된다. 스트레스가 쌓일 때, 탄산수를 넣어 톡 쏘는 스파클링 티로 만들어 마시면 더욱 좋다.

Recipe	청향 우롱 4g, 허니부쉬 2g, 히비스커스 1.5g, 구기자 1.5g, 재스민 0.5g, 서부 해당화 0.5g
침출 방법	● **Hot :** 블렌딩 티 2.5g / 90~85도, 물 300ml / 3분 우림 ● **스파클링 티 :** 탄산수 300ml에 블렌딩 티 3g을 넣고 병을 뒤집어서 실온 보관 2시간 / 냉장 보관 6시간 후 걸러서 마신다.
향미	우롱과 허니부쉬의 부드러운 조화에 새콤달콤한 히비스커스의 만남을 구기자가 잘 융화시켜 주어 피로를 풀어준다. 물 온도가 내려가면서 점차 진해지는 은은한 재스민 향을 즐기다 보면 기분도 한결 나아진다.

기분 전환에 좋은 블렌딩 티
MOOD CHANGE TEA

새로운 것에 도전하고 싶을 때 Mood Change Tea

새해에 희망차게 세웠던 계획을 반도 실행 못 하고, 일상에 쫓기다 보니 어느새 올해도 반이 지나가 버렸다. 작심삼일은 인류의 모든 앞날을 예언한 건가, 아니면 너도 당해보라는 저주인 건가 하는 쓸데없는 생각도 들고. 새로 시작한 일이 생각대로 진행되지 않아 마음이 답답하고 나 자신이 작게 느껴진다. 괜한 일을 하고 있나 걱정도 되고 말이다.

사실 시간이 지나고 보면 그때의 니도 충분히 잘하고 있었는데, 당장의 결과에만 초점을 맞추다 보면 많은 걸 놓치게 된다. 눈앞의 문제에 매몰되기 전에 시선을 잠시 돌려보자. 등 뒤에 넓은 들판이 기다리고 있는지도 모른다. 한숨 돌려보자는 마음을 담은 'Mood Change Tea'는 백차의 깔끔하고 섬세한 향과 달콤한 허니부쉬가 만나 새로운 도전과 용기를 불러일으키는 베이스다. 거기에 카르다몸의 상큼한 향이 방향 전환을 일깨워 준다.

카르다몸은 가장 오래되고 귀한 향신료 중 하나로 '향신료의 여왕'이라고도 불린다. 생강과에 속해 알싸하면서도 독특한 풍미를 지녀 피클, 카레, 파이, 케이크 등 사용되는 범위도 넓다. 고대부터 약용으로 사용되었는데 스트레스를 완화해 주고 기억력과 집중력 향상에도 도움이 된다고 알려져 있다.

카르다몸은 씨앗이 터지게 살짝 짓이겨 주면 향이 증폭되어 주변의 향을 새롭게 바꿔주는 매력이 넘치는 재료이다.

뭔가 새로운 일을 시작하고 할 때 삶의 여러 가지 제약으로 머뭇거리게 되면, 나는 카르다몸을 조금 넣어준다. 작은 카르다몸의 향이 퍼져나갈 때마다 응원의 에너지를 받는다.
Mood Change Tea를 마시며 새로운 삶에 도전하고 모험을 떠나 보시길 바란다.

Recipe	백차 4g, 허니부쉬 3g, 레몬 버베나 1g, 오렌지 필 1g, 카르다몸 0.5 g, 장미 0.2 g, 재스민 0.3 g
침출 방법	● Hot : 블렌딩 티 2.5g / 90~85도, 물 300ml / 3분 우림 ● 스파클링 티 : 탄산수 300ml에 블렌딩 티 3g을 넣고 병을 뒤집어서 실온 보관 2시간 / 냉장 보관 6시간 후 걸러서 마신다.
향미	백차의 깔끔한 향미는 장미와 어우러지고 허니부쉬의 달달함과 오렌지의 상큼함, 카르다몸의 화사한 향이 매력을 더한다. 시원하게 냉침해서 혹은 스파클링 티로 마시기 좋다.

집중력을 높이고 싶을 때
CONCENTRATION TEA

수험생을 위한 응원의 차 한잔 Concentration Tea

학창 시절에 시험공부를 할 때면 습관적으로 자판기 커피를 뽑아 마시곤 했다. 특히 도서관에서 다음날 있을 시험을 준비하며 밤을 새울 때면, 두세 시간에 한 번은 친구들과 휴게실에서 달달한 자판기 커피를 마셨다.

몰려오는 졸음과 피로를 쫓기 위해 커피를 마셨지만, 커피를 너무 많이 마시다 보니 나중에는 속이 쓰리고 손발도 차가워졌다. 순간적으로 집중하는 데는 도움이 되었지만, 지속적인 효과를 발휘하지는 못했던 것 같다. 지금은 집중력이 필요할 때 커피 대신 차를 마시는 습관을 들였다.

로즈마리의 상쾌한 향기는 두뇌를 깨우는 데 도움이 된다고 알려져 있다. 그래서 유대인들은 공부할 때 로즈마리를 코에 대고 향을 맡으며 집중력을 높였다고 한다. 한 연구에서는 로즈마리가 뇌졸중을 겪은 사람들에게 유용할 수 있다는 결과도 있다. '카르노스산(carnosic acid)'이라는 활성 성분이 뇌가 활성산소에 의해 손상되는 것을 막아주어 뇌 건강에 도움이 된다고 한다.

그래서 로즈마리를 사용해 집중력에 도움이 되는 차를 블렌딩 해봤다. 로즈마리의 소나무향과 마테의 풀향이 너무 강하면 자칫 비릿하게 느껴질 수 있기에 루이보스의 목재향으로 눌러준다. 맛에 활력을 불러줄 오미자를 조금 추가하였다. 메리골드 꽃잎과 시원한 박하를 넣어 오미자의 새콤함이 잘 어우러지도록 부드럽게 연결해 주었다.

마치 숲속에 다양한 식물들이 저마다의 자리에서 매력을 뽐내면서도 조화를 이루는 것 같이 재미있고 즐거운 맛을 이루게 했다.

오늘도 자신의 일에 열과 성의를 다하는 분들에게 이 블렌딩 티를 바친다. 더욱 몰입할 수 있는 차 한 잔이 되길, 그리고 좋은 결과가 있기를…. 지금의 독자분들에게도.

Recipe	루이보스 3g, 마테 3g, 오미자 1g, 로즈마리 2g, 메리골드 0.5g, 박하 0.5g, 향료 : 사과향 1%
침출 방법	블렌딩 티 2.5g / 90~85도 / 물 300ml / 3분 우림
향미	마테와 로즈마리, 박하의 풀향과 청량함을 부드러운 목재향이 나는 루이보스가 한번 눌러주어 편안한 바디감을 느낄 수 있다. 오미자가 주는 약간의 상큼함이 어우러져서 가벼운 산미를 느낄 수 있다.

당뇨 예방에 도움이 되는 블렌딩 티
BLOOD CARE TEA

뚱딴지 꽃을 아시나요? Blood Care Tea

뚱딴지 꽃은 돼지감자의 꽃이다. 뚱딴지라는 엉뚱한 이름은 꽃과 잎이 뿌리에 달린 못생긴 감자와 어울리지 않게 예쁘기 때문에 붙은 이름이다. 실제로 뚱딴지 꽃잎은 노랗고 마치 해바라기 같다. 키도 커서 무려 3미터까지 자라는 꽃이다.

돼지감자는 이눌린이 풍부해 당뇨병에 효능이 있고, 콜레스테롤 개선과 고혈압에 좋다고 알려져 있다. '이눌린(Inulin)'은 자연에서 발견되는 프리바이오틱스 성분 중 하나로 체내 불필요한 지방과 당분의 흡수를 억제한다고 한다. 그리고 돼지감자꽃에도 이눌린이 많이 들어있어 꽃차로 마시면 섭취할 수 있다.

뚱딴지 꽃차 맛은 돼지감자 뿌리처럼 구수하다. 그래서 뚱딴지 꽃차를 처음 마셨을 때, 맛과 향이 생각했던 것과 완전히 달라서 한참을 들여다보기도 했다.

가끔 주변에 당뇨가 걱정되시는 분들을 위해 뚱딴지 꽃차를 선물로 드리기도 하고, 추천하기도 하지만, 블렌딩을 하면 더욱 좋은 효과와 원하는 향미를 찾을 수 있다. 백차, 감잎, 현미는 콜레스테롤과 혈압을 낮춰주는 데 도움이 되는 좋은 친구들이다.

어느 것 하나 너무 튀지 않고 서로 잘 어울려서 밸런스도 잘 맞는다. 뚱딴지 꽃차와 블렌딩해서 좋은 시너지를 내도록 했고, 건강하고 은은한 단맛을 위해 스테비아를 한 꼬집 넣어주었다.

뚱딴지 꽃

Recipe	백차 4g, 감잎 3g, 뚱딴지 꽃(돼지감자꽃) 1g, 현미 2g, 스테비아 가루 한 꼬집
침출 방법	블렌딩 티 2.5g / 90~85도, 물 300ml / 3분 우림
향미	부드럽고 은은한 향미에 뿌리 곡물의 구수함으로 우아하게 마무리된다.

휴식을 누리고 싶을 때
TAKE A BREAK TEA

잘 쉰다는 건 뭘까? Take a Break Tea

바쁜 일정 속에서 휴식을 취하고 싶을 때는 적극적으로 쉼에 대한 계획을 짜고, 제대로 잘 쉬어야 한다. 쉬기 위해 떠난 여행인데 편하게 쉬기보다는 일정에 지쳐 피곤함을 더해 일상으로 돌아올 때도 있지 않은가. 여행에서 돌아와 짐 정리하고 먹고 싶었던 음식을 먹으며 편안하게 쉬는 것까지가 진짜 여행이라는 얘기도 있다. 여독을 푼다는 말이 괜히 있는 게 아니다. 그렇다고 주말에 집에서 종일 쉬겠다고 마냥 늘어져 있다 보면 오히려 하루를 낭비한 것 같아 후회가 쏟아지기도 한다. 그래서 쉬는 시간에도 계획이 필요하다.

쉬는 시간을 잘 계획하면 계획된 휴식 시간 동안에 효과적으로 잘 쉴 수 있다. 완전한 휴식을 취할 수 있도록 환경을 미리 조성하고, 어떻게 쉴 것인가를 구체적으로 생각하는 것이 중요하다.

나는 매일 거실의 창을 열고, 창밖으로 우거진 나무들을 바라보며 차 한 잔 즐기는 '쉼의 시간'을 만들어 두었다. 별다른 일정이 없다면 항상 정해진 시간에 쉰다. 특별히 어디를 가지 않아도 집에서 즐기는 온전한 휴식. 아무리 바쁘더라도 잠시 쉬고 나면 리프레쉬가 되면서 마음의 여유가 생긴다. 이때 핸드폰은 잠시 꺼두고, 숨을 고를 시간에 마실 블렌딩 티를 준비한다. 티를 준비하면서 은은한 허브향에 취해보는 것부터가 마음에 휴식을 주기 시작한다.

어린잎을 그대로 건조해서 만든 풋풋한 백차와 달콤한 허니부쉬의 만남으로 싱그러운 베이스를 만든다. 심신 안정에 좋은 레몬밤에 약간의 산미를 더해줄 건사과와 건망고를 넣어주면 입체적으로 티를 화사하게 감싸 준다. 온도가 내려갈수록 박하의 싱그러움이 백차와 함께 시너지가 올라오는 매력적인 블렌딩 티이다. 아이스티로 마시면 한층 더 맛과 향이 살아난다.

매일을 바쁘게 보내는 우리에게는 적극적인 쉼의 습관이 필요하다. 일이 잘될 때도, 잘 풀리지 않을 때도 매일 정해진 시간에 나를 쉬게 해주는 시간. 'Take a Break Tea'를 추가해 보는 건 어떨까?

Recipe	백차 3g, 허니부쉬 2.5g, 레몬밤 2g, 말린 망고 & 말린 사과 2g, 박하 0.5g
침출 방법	● Hot : 블렌딩 티 3g / 95~85도, 물 300ml / 2분 우림 ● Cool : 1) 냉침 : 티 2g / 상온의 물 300ml / 냉장 보관 6시간 / 물처럼 마신다. 　　　　2) 급랭 : 티 3g / 뜨거운 물 150ml / 5분 우린 후 거르고 얼음을 채운 잔 위에 부어 시원하게 마신다.
향미	허니부쉬의 달콤함이 어린 백차의 향과 어우러져 풋풋한 느낌을 준다. 상큼한 레몬밤과 달콤한 과일맛이 기분을 좋게 해주고, 박하의 시원한 맛으로 개운하게 마무리된다.

멘탈 관리에 도움이 되는 차
MENTAL TREATMENT TEA

당 충전이 필요하신가요? Mental Treatment Tea

티 클래스를 한지도 어느새 7년이 되어 간다. 코로나 시기를 지나면서 자극적인 카페인 음료에 취약해지고, 불안한 마음을 다스려 보고자 차를 찾는 분들이 많아졌다. 카페인이 전혀 없는 허브차에 대한 관심도 점점 커지고 있다.

우리 몸은 스트레스를 받으면 '코르티솔'이라는 호르몬을 분비하는데, 이 호르몬이 과하게 분비되면 포도당의 흐름을 어지럽혀 결국 당분을 찾게 만든다고 한다. 그래서 힘이 들 때 '당 떨어진다, 당 충전해야 한다'라는 말을 하면서 단 음식을 먹게 되는데 이걸 계속 반복하다 보면 설탕 중독으로 이어질 수 있어 주의해야 한다.

일이 잘 안 풀려서 가슴이 답답하고 멘탈이 무너져 갈 때에는 달달한 블렌딩 티가 도움이 된다. 단맛을 내는 허브로는 '차수국'이 있다. 차수국에는 설탕의 1,000배의 단맛이 있지만, 인체에 축적되지 않는 비당질 단맛이라 건강에 여러 이로움을 준다. 당뇨병 환자의 혈관질환 개선에도 도움이 된다고 한다.

차수국으로 만든 차를 '감로차, 이슬차'라고 부른다. 20대 시절 자주 드나들었던 <민들레영토>에서 항상 웰컴 티로 내어주었던 달달한 차가 바로 이슬차다. 'Mental Treatment Tea' 10g을 만든다면 0.5g 정도만 넣어준다. 이 정도 비율을 유지해야 너무 달지 않고 호불호 없는 적당한 단맛이 된다.

Recipe	캐모마일 3g, 허니부쉬 3.5g, 레몬 머틀 1.5g, 메리골드 1g, 당아욱 0.5g, 차수국(이슬차) 0.5g
침출 방법	블렌딩 티 3g / 95~90도, 물 300ml / 3분 우림
향미	캐모마일의 사과향과 레몬 머틀의 레몬향이 어우러져 상큼한 산미가 느껴진다. 허니부쉬와 차수국의 단맛이 산미를 부드럽게 눌러주며, 기분을 좋게 한다.

블렌딩 티 베이스는 많은 사람들이 편안하고 친숙하게 찾을 수 있도록 캐모마일과 허니부쉬를 선택했다. 그리고 무거운 마음을 한결 가볍게 해주는 화사한 레몬의 향미를 듬뿍 느낄 수 있도록 레몬 머틀을 넣어준다. 레몬 머틀은 레몬이 가지고 있는 시트랄 성분이 10배나 많아 레몬향도 진하고, 면역력을 높이고 독소를 제거하는 데 도움을 준다. 그리고 마무리로 차수국을 넣어 달달함을 더했다.

멘탈이 흔들리는 일이 생겼을 땐, 허둥대지 말고 잠시 쉬어가자. 상황에 휩쓸려가지 말고, 마음을 다잡아 보는 시간을 갖는 것이다. 그럴 때 자극적인 음료나 달달한 커피보다는 건강에도 좋고 맛도 좋은 이 블렌딩 티가 당신 곁을 지켜주었으면 하는 소망이다.

스틱 꽃차 블렌딩 티
FLOWER STICK TEA

꽃다발처럼 예쁜 차 한 잔 Flower Stick Tea

스틱 꽃차는 꽃가지째 말리고 덖는 방식으로 만들어진다. 덖을 때 꽃이 떨어지지 않도록 주의해야 한다. 단일 스틱 꽃차로 마셔도 좋지만, 여러 꽃을 섞어 다양하게 블렌딩하면 맛이 더욱 좋고 비주얼도 예뻐서 보는 것만으로도 힐링을 선사해 준다. 꽃이 잔 속에서 피어나는 것을 보고 있으면 마음이 평온해진다. 잠시 꽃이 피어있는 숲속에 들어온 기분이 든다.

꽃다발 대신 스틱 꽃차를 선물해 보면 어떨까? 마실 때마다 선물해 준 사람의 마음을 떠올리며 한층 행복해질 것이다.

Recipe
심신 안정 블렌딩 : 캐모마일 스틱, 레몬밤 스틱, 라벤더 스틱

마음을 편안하게 만들어 주는 꽃들을 모아 만든 블렌딩이다. 각각의 향기가 조화롭게 어우러져 긴장된 몸을 풀어주고 스트레스를 완화시켜 준다. 숙면에도 도움이 되니 잠자리에 들기 전에 마셔도 좋다.

Recipe
야외 활동 블렌딩 : 찔레 장미 스틱, 박하 스틱, 레몬그라스 스틱

찔레 장미의 꽃향과 레몬그라스의 은은한 레몬향이 잘 어우러지고 시원한 박하로 마무리된다. 시트러스함과 상쾌함이 어우러져 활력을 준다. 캠핑이나 여행을 가서 마셔도 좋다.

스틱 꽃차를 만들 때 주의할 점은 라벤더와 민트류를 함께 블렌딩하지 않는다는 것이다. 둘 다 향이 강한 방향성 허브라 함께 우리면 어울리지 않는다.

Part 4

티 블렌딩 정원사

판교 모니카팜 정원에서 티 클래스

Part 5
허브 도감

감잎 Persimmon Leaf

학   명 : Diospyros kaki
성   질 : 따뜻하다.
귀   경 : 폐, 간
사용부위 : 잎
향   미 : 부드럽고 순한 단맛이 난다.

효능

감잎은 폴리페놀 성분이 풍부하여 소취 효과가 뛰어나 냄새 제거에 탁월한 효과를 보인다. 비타민 C와 항산화 성분이 풍부하여 피로 회복과 감기 예방에 효과적이다. 면역력을 높이고 혈압을 조절하는 데 도움을 준다고 알려져 있다. 뼈 건강을 돕고 골다공증 예방에 유익하며, 숙취 해소와 피부 미용, 생리통 완화에도 도움이 된다.

Story

쌍떡잎식물 감나뭇과의 낙엽 활엽 교목으로 동아시아에서 오랫동안 건강을 위한 차로 사용되었다. 우리나라에서는 경상북도 상주에 대량 재배되고 있는 과실나무이다. 약이 없던 시절에 감 꽃받침을 달여 설사와 딸꾹질을 멎게 하는 약재로 사용했다고 전해진다. 조선 시대 왕실에서도 감잎차를 즐겨 마셨다는 기록이 있다. 당시 왕은 피로 회복과 건강을 유지하기 위해 감잎차를 마셨고, 이를 통해 약재로서의 가치를 널리 인정받았다.

주의할 점은 감잎에 함유된 타닌이 철분 흡수를 방해할 수 있어 빈혈 증상이 심한 사람이나 임산부는 피하는 게 좋다.

감초 Licorice Root

학   명 : Glycyrrhiza glabra
성   질 : 평온
귀   경 : 비위, 폐
사용부위 : 뿌리
향   미 : 한약방 뿌리의 강한 향과 강한 단맛이 난다.

효능

감초는 독특한 약 냄새와 강한 단맛이 특징이다. '약방의 감초'라는 말처럼 다양한 효능을 가지고 있으며, 모든 약을 조화롭게 만들어 주는 역할을 한다. 기관지와 폐를 진정시켜 기침과 가래 제거에 효과적이며, 소화 기능을 촉진하고 위장 점막을 보호하여 소화 불량을 개선 시키며, 체중 감량에 유익하다. 항염 작용이 있어 염증을 줄이고, 감염성 질환을 예방한다. 또한, 감초에 함유된 글리시리진 성분은 면역체계를 강화하는 데 도움을 주며, 피로 회복 및 스트레스 해소와 신경 안정에도 도움이 된다. 단, 당뇨환자, 고혈압, 부종이 심한 이들은 사용 전 반드시 전문가와 상의 후 복용법에 특별히 유의해야 한다.

Story

학명 "글리키르자(Glycyrrhiza)"는 그리스어로 '달콤한 뿌리'라는 뜻으로 오래전부터 단맛을 내는 감미료로 사용되있다. 동양과 서양에서 오랜 역사를 가진 약초로, 특히 중국과 고대 그리스에서 중요한 약재였다. 감초는 중국의 황제들이 사용한 약재 중 하나로, 모든 약재의 조화를 돕는 '조화제'로 알려졌다. 고대 중국에서 병약한 황제가 감초차를 마시고 건강을 회복했다는 전설로 인해 면역력을 높이고 몸을 튼튼하게 해주는 약재로 널리 사용되었다.
티 블렌딩에 사용할 경우 입자의 크기를 작게 조절해 조금만 넣어준다.

구기자 Lycium Chinense

학　　명 : Lycium barbarum
성　　질 : 차다.
귀　　경 : 간, 신장
사용부위 : 열매
향　　미 : 은은한 단맛으로 부드럽고 순하다.

효능

구기자에는 '베타인'이라는 친지질물질이 함유되어 있어 꾸준히 복용 시 체내의 노폐물 배출되며 지방이 분해되어 다이어트에 효과적이다. 간과 신장을 보호하여 지방간을 예방하고 콜레스테롤과 혈압을 낮춰주며, 면역력 증진, 피로 회복, 시력 보호, 두뇌 건강과 치매 예방에 효과적이다. 피부 미용과 부인과 질환에도 다양하게 사용된다. 소화 기관이 약한 사람이나 임산부는 주의가 필요하며 장기 복용은 피하는 것이 좋다.

Story

구기자는 중국과 한국에서 오랫동안 약재로 사용된 열매다. 생강과 블렌딩하면, 생강의 따뜻하고 매운맛과 구기자의 달콤한 맛이 어우러져 기혈 순환을 촉진해, 혈액 순환을 돕고 감기 예방과 피로 회복에 좋다. 또한 대추차와 블렌딩하면, 대추의 단맛과 구기자의 달고 부드러운 맛이 만나 몸을 따뜻하게 하고 면역력을 강화하며 입맛을 돋게 하고 조혈 작용에 도움을 준다. 구기자와 감초를 블렌딩하면, 감초의 달콤한 맛과 조화를 이루어 신경을 안정시키고 피로 회복에 도움을 준다.

시중의 한국 구기자는 대부분 덜 익었을 때 채취해 건조시켜 붉게 만든 것이다. 안에 수분과 당분이 많은 열매이므로 완전히 건조되었다 하더라도 보관할 때 서로 달라붙어 버린다. 그래서 차로 나갈 땐 한번 살짝 덖는 것이 좋다. 국산 구기자보다 중국 구기자가 당분이 많아 단맛을 선호할 땐 중국산을 쓴다.

구절초 Gujeolcho, Korean Chrysanthemum

학 명	: Dendranthema zawadskii var. latilobum
성 질	: 따뜻하다.
귀 경	: 비위, 폐
사용부위	: 꽃
향 미	: 오래 우리면 쓰고 한약재의 향이 나기 때문에 1분 미만으로 우려 마신다.

효능

부인병의 명약으로 알려져 있다. 냉증, 생리통, 생리불순에 효과적이며, 자궁출혈이나 불임에도 약으로 사용한다. 여성 갱년기의 안면홍조, 상열감 등을 완화하는 데도 도움을 준다.

구절초에는 아케세틴, 리나린 성분이 함유되어 있어 소화 촉진과 항균, 항염 작용이 뛰어나며, 염증을 완화하고 면역력을 강화하는 데 도움이 된다. 또한 혈액 순환을 촉진하고 콜레스테롤을 낮추어 혈관 손상을 예방하며, 피로 회복과 몸의 균형을 맞추는 데 효과적이다.

Story

전통 의학에서 건강 증진과 면역력 강화에 사용된 구절초는 그 이름처럼 9월과 절기(節)를 뜻하는데, 이는 이 시기에 꽃이 피기 때문에 붙여진 이름이다. 산기슭 풀밭에서 자라 높이 50cm 정도로 땅속줄기가 옆으로 길게 뻗으면서 번식한다. 9~10월경 꽃이 핀다. 꽃말은 '어머니의 사랑'으로, 옛 선조들은 해산하고 온 딸을 위해 친정엄마가 구절초꽃을 덖어 달여 마시게 하였다고 한다. 또한 '선모초'라고도 불리는데, 신선이 어머니들에게 선물한 약초라는 뜻이다.

구절초는 생강, 대추와 블렌딩하면 생강의 따뜻한 기운과 구절초의 부드러운 맛, 대추의 달콤한 맛이 어우러져 소화를 돕고 몸을 따뜻하게 해주며, 피로 회복과 면역력 강화에 효과적이다. 또한 냉증으로 인한 생리통이나 생리불순에도 큰 효과가 있다.

국화 Chrysanthemum

학   명 : Dendranthema morifolium
성   질 : 차다.
귀   경 : 폐, 간
사용부위 : 꽃
향   미 : 약간의 쌉싸름한 맛과 달큰함, 상쾌한 향이 있다.

효능

국화는 간의 열을 내려 눈의 피로를 완화하고 시력을 보호하는 데 효과적이다. 항염 작용과 항산화 작용이 뛰어나 면역력 강화, 항암효과가 있고, 혈압을 낮추고 신경을 안정시켜 스트레스 해소에도 유익하다. 차로 마실 때 진정 효과가 뛰어나며, 감기 예방에도 좋다.

Story

중국과 한국에서 오랫동안 약용으로 사용된 꽃이다. 중국 황실에서 장수와 건강을 기원하며 국화차를 즐겨 마셨다는 기록이 있다. 그중에서도 명나라의 황제가 국화차를 통해 피로를 해소하고 건강을 유지했다고 전해지며, 이후 왕실의 건강 음료로 자리 잡았다.

국화차는 산국, 감국, 동국 등 종류가 다양하다. 산국은 꽃이 작고 꽃들이 한 꽃대에 무리 지어 꽃이 피고 쓴맛이 강하다. 감국은 꽃대에서 한 송이씩 피고 꽃이 산국보다 좀 더 큰 편이며 맛은 달다. 동국은 서리가 내리기 전에 핀다 하여 붙여진 이름으로, 꽃잎이 동글동글하게 많이 있고, 향과 맛이 가장 좋아 블렌딩에 자주 사용된다.

국화와 구기자의 조합이 대표적이다. 국화는 간의 열을 내려주고 눈의 피로를 풀어주며, 시력을 보호하는 데 효과적이다. 구기자도 시력을 개선하는 데 도움을 주고 보음(補陰)하는 작용이 있어, 두 허브가 시너지 효과를 낸다. 또한 구기자는 간을 보호하고, 독소를 제거하는 데도 효과가 있어, 국화와 함께 마시면 간 해독 작용이 강화된다. 이 두 가지 모두 강력한 항산화 성분을 포함하고 있어, 몸의 노화를 방지하고 면역력을 강화하는 데 도움을 준다.

귤피 Tangerine Peel

학   명 : Citrus unshiu
성   질 : 따뜻하다.
귀   경 : 폐, 간
사용부위 : 껍질
향   미 : 약간의 신맛과 쓴맛이 있다.

효능

귤피는 기를 순환시켜 주고 폐를 깨끗하게 하고 몸의 습을 빼주며 가래가 쉽게 배출될 수 있도록 도와준다. 소화 기능을 촉진하고, 독감 예방과 면역력 강화에 유익하며, 비타민C와 섬유질이 풍부해 혈당 조절과 피부 건강에도 도움이 된다.

Story

오래전부터 동양의학에서 소화 촉진과 기침 완화 등에 효과가 있는 약재로 사용됐다. 중국의 명나라 시대에 한 학자가 위장 질환을 앓고 있을 때, 귤 껍질을 말려 차로 마시면서 병이 완화되었다는 이야기가 전해지며 약재로 널리 알려지게 되었다.

귤피를 차로 만들 땐 덖기보다는 건조하는 것이 향이 좋다. 높은 온도에서 덖으면 구수한 맛이 강해지나 귤피 특유의 향이 날아가고 쓴 향이 올라온다. 낮은 온도에서 건조하고 열처리 후 보관하길 권한다. 오랫동안 보관하면 향이 더욱 짙어지고 좋다. 1년에서 3년 이상 묵힌 것을 '진피'라고 부르며 티 블렌딩에 사용한다.

귤피는 생강과 블렌딩하면 생강의 따뜻함과 귤피의 상큼함이 잘 어우러져 소화 촉진과 감기 예방에 효과가 좋아 '자연 감기약'이라고 불리는 블렌딩이기도 하다.

도라지 Balloon Flower Root

학   명 : Platycodon grandiflorum
성   질 : 따뜻하다.
귀   경 : 폐, 비위
사용부위 : 뿌리
향   미 : 약간의 쌉쌀한 맛과 부드럽고 달큰한 맛이 난다.

효능

도라지는 진정 작용과 항염 작용이 뛰어나며, 소화 기능을 개선하고 면역력을 강화한다. 항산화 성분이 풍부하여 염증 완화와 함께 전반적인 건강 증진에 도움을 준다. 또한, 기침 완화와 기관지 건강에도 효과적이다.

Story

한국과 중국에서 오랫동안 약용 식물로 사용되었으며, 특히 기침과 목 건강에 뛰어난 효과를 지닌 약재로 유명하다. 도라지는 폐 건강과 해독 작용에도 효과적이다.

전통적으로 도라지는 기침과 목 염증을 완화하는 데 효과가 있어, 한방에서 감기나 기관지 질환이 있을 때 자주 사용되었다. 도라지와 생강의 조합은 '천연 감기약'이라고 불릴 만큼 효과가 탁월하다. 생강의 따뜻한 성질과 도라지의 기관지 진정 효과가 만나 감기 예방, 기침 완화, 목 건강, 피로 회복 등에 도움을 준다.

도라지와 캐모마일을 블렌딩 할 경우 캐모마일의 진정 효과와 도라지의 목 건강 증진, 거담 효과가 결합해 시너지를 일으킨다. 긴장 완화와 기침감기 예방으로 마시면 좋다.

티 블렌딩으로 도라지를 사용할 경우 강한 열로 덖는 것보다는 저온으로 건조해 수분 제거 후 살짝 덖어주는 것이 좋다. 도라지 본연의 향이 은은하게 나서 다른 재료들과도 잘 어울린다.

라벤더 Lavender

학   명 : Lavandula officinalis
성   질 : 평온
귀   경 : 폐, 심장
사용부위 : 꽃
향   미 : 독특한 단맛과 약간의 쓴맛이 어우러진 강한 꽃향이 난다.

효능

라벤더는 진정 작용과 함께 신경 안정에 효과적이다. 근육 이완, 두통, 불면증, 스트레스 해소에 도움이 되며, 항균 및 항염 작용으로 상처 치료와 피부 소독에 유용하다. 방충 효과도 뛰어나며, 소량으로도 강력한 효과를 볼 수 있어 다양한 미용 제품에 활용된다.

Story

라벤더라는 이름은 라틴어로 '씻다'인 "라바레(lavare)"에서 유래되었다고 한다. 고대 그리스에서는 향료나 방부제로, 고대 이집트에서는 미라를 제작하는 데 이용되었다. 또한 중세 시대 유럽에서 페스트가 유행할 때 페스트에 전염되지 않도록 발랐던 것이 라벤더였다.

'허브의 여왕'이라고 불리는 라벤더는 임산부들이 사용하거나 마셔도 안전할 만큼 몸의 밸런스를 맞춰주는 허브라고 할 수 있다. 심장을 다스려 불안증이나 불면증을 완화할 수 있는 차로 상시 음용할 수 있으며, 음용 후 남은 차로 라벤더 미스트를 만들어 가벼운 화상이나 피부재생에도 활용할 수 있다. 몸의 긴장과 스트레스를 완화하고, 항산화 및 항염 작용으로 면역력을 강화하여 질병을 예방하는 자연 면역차로 활용할 수 있다.

라즈베리 잎 Raspberry Leaf

학   명 : Rubus idaeus
성   질 : 평온
귀   경 : 비위, 간
사용부위 : 잎
향   미 : 베리류의 약한 산미를 느낄 수 있고 산뜻하고 가볍다.

효능

라즈베리 잎은 소염 작용과 소화 촉진에 효과적이다. 항산화 성분이 풍부하여 면역력을 강화하고, 체내 염증을 완화하는 데 도움을 준다. 또한, 여성 건강에 유익하여 생리통 완화 작용과 생리주기 조절에 도움이 된다.

Story

전통적으로 여성 건강을 돕는 약재로 많이 사용되어 왔다. 특히 중세 유럽에서는 임신부가 출산을 준비할 때 라즈베리 잎차를 마시며 자궁을 튼튼하게 하고, 출산 후 회복을 돕는 차로 활용되었다. 이런 효능 덕분에 라즈베리 잎은 '여성의 허브'라고 불리며 여성 건강에 중요한 역할을 했다고 한다.
생리통이나 하복부 통증 완화에 도움을 주고, 입안의 염증 완화에도 도움을 준다.

레몬 머틀 Lemon Myrtle

학   명 : Backhousia citriodora
성   질 : 평온
귀   경 : 폐, 비위
사용부위 : 잎
향   미 : 상큼한 레몬향이 강하고 부드러운 맛이다.

효능

레몬 머틀은 수렴, 살균 작용이 뛰어나 지성 피부와 여드름 치료에 효과적이다. 거담 및 진정 작용이 있어 기관지염과 만성 감기, 폐렴, 천식 치료에 도움을 준다. 어린이의 감기 치료에도 안전하게 사용할 수 있다.

Story

호주 퀸즐랜드가 주산지이며 원주민들이 즐겨 사용하던 향신료이다. 강력한 레몬향 덕분에 '레몬보다 더 레몬 같은 허브'로 알려져 있다. 티 블렌딩에서 건조 레몬 머틀을 사용하면 실제 레몬보다 훨씬 효과적이고 영양 또한 풍부하다. 특히 소화 불량과 감기, 호흡기 질환을 완화하는 데 많이 사용한다.

레몬 머틀을 루이보스와 블렌딩하면, 달콤하고 부드러운 맛과 서로 보완되어 함께 차로 즐기기 좋다. 카페인이 없어 저녁에 마시기 좋은 조합이다.

레몬 버베나 Lemon Verbena

학 명	: Aloysia triphylla
성 질	: 평온
귀 경	: 폐, 간
사용부위	: 잎
향 미	: 풋풋한 레몬향과 산뜻한 맛이다.

효능

레몬 버베나는 신경을 진정시키고 소화 기능을 개선한다. 불면증과 스트레스 해소에 효과적이며, 식후 소화 촉진 차로 많이 이용된다. 감정 안정과 기분 전환에도 유익하다. 레몬버베나는 항염증 및 항균 작용을 해 감염을 예방하고 염증을 줄이는 데 효과적이다. 또한 신진대사를 촉진하는 효과가 있어 체중 관리를 위한 식이요법에 사용되기도 한다.

Story

남미가 원산지인 허브로, 18세기 스페인 정복자들에 의해 유럽으로 전해졌다. 스페인 왕실에서는 레몬 버베나의 상쾌한 향을 사랑하게 되었고, 특히 차로 즐기며 기분을 좋게 해주는 약용 허브로 인기를 끌었다. 유럽 요리에서 향신료로 많이 사용되고 있으며, 프랑스에서는 '베르뱅(verveine)'이라는 티로 식후에 마신다.

흥미로운 에피소드 중 하나는 나폴레옹이 이 허브를 애정했다는 것이다. 전쟁 중에도 레몬 버베나 차를 마시며 정신적 긴장을 풀었다고 전해지며, 이 때문에 레몬 버베나 차는 '황제의 차'라고 불리기도 했다.

레몬 버베나는 생강과 함께 마시면 생강의 따뜻한 기운과 비타민이 풍부한 레몬 버베나의 상큼함이 조화를 이뤄, 감기 예방과 소화에 좋은 건강차로 유명하다. 레몬 버베나가 생강의 매운맛을 적절히 감소시켜 더 깊고 부드러운 맛을 느낄 수 있다.

레몬그라스 Lemon Grass

- **학 명** : Cymbopogon Citratus
- **성 질** : 따뜻하다.
- **귀 경** : 폐, 비위
- **사용부위** : 지상부
- **향 미** : 레몬 같은 상쾌한 향과 시원한 풀맛이 난다.

효능

레몬그라스는 살균 효과와 발한(发汗), 해열 작용이 뛰어나다. 복통과 소화 불량 완화에 효과적이며, 피부 질환 개선에도 유익하다. 항균 작용으로 식품 보존에도 사용되며, 감기 치료에도 도움이 된다.

Story

벼과 식물이지만 잎에서 레몬처럼 상큼한 향이 나는 것이 특징인데, 시트랄이라는 성분 덕분이다. 동남아시아 지역에서 기원한 허브로, 주로 요리와 약용으로 널리 사용되었다. 특히 태국, 베트남, 인도 요리에 필수적인 재료로 자리 잡았다. 태국의 똠얌꿍에 사용하는 재료로 익숙하게 알려져 있다. 인도 전설에 따르면 한 왕이 치명적인 열병에 걸렸을 때, 여러 의사가 치료를 포기했지만, 한 허브 전문가가 레몬그라스를 넣은 차를 끓여 왕에게 마시게 했다. 그 차 덕분에 왕은 병을 이겨냈고, 이후 레몬그라스는 '왕의 풀'로 불리며 왕족과 귀족 사이에서 널리 애용되었고 한다. 20세기 초, 영국 식민지 시절 머물던 영국인들이 레몬그라스의 독특한 향과 상쾌한 맛을 즐기게 되어 차로 마시기 시작했다.

레몬그라스는 오늘날에도 항균, 소화 촉진, 항염 효과 등 건강 보조제로도 많이 사용되고 있다. 단, 임산부들에게는 금기하는 허브로 사용을 조심해야 한다.

레몬밤 Lemon Balm

학   명 : Melissa officinalis
성   질 : 차다.
귀   경 : 심장, 폐
사용부위 : 잎
향   미 : 레몬의 상큼한 향이 나지만, 신맛은 없는 풋풋한 풀향이 난다.

효능

레몬밤은 심장 박동수와 혈압을 낮추며, 진정 작용이 뛰어나 스트레스와 불안을 완화한다. 소화 불량과 복통, 설사 완화에 도움이 되며, 항바이러스 효과로 감염 예방에도 유익하다. 탈모 방지와 피부 개선에도 사용된다.

Story

레몬밤의 학명 "멜리사(melissa)"는 고대 그리스어로 '꿀벌'이라는 뜻이다. 꿀벌이 좋아하는 식물인 데서 그 이름이 유래되었고, 양봉에서도 중요시되었다.

14세기 프랑스의 카르멜 수녀들이 레몬밤을 주재료로 한 '카르멜 물'이라는 약을 만들었는데, 이는 숙면을 하고 심신의 안정을 찾는 데에 도움을 주었다고 한다. 이 약은 나폴레옹 시대까지 널리 사용되었다. 또한 밀랍으로 만들어진 왕관에 레몬밤을 뿌려 왕과 귀족들이 긴장을 완화하고 기분을 밝게 하도록 한 전통도 있었다. 그 덕분에 레몬밤은 왕실에서도 사용된 허브로 유명하다.

이런 역사적인 배경으로 인해 레몬밤은 오늘날에도 스트레스 완화, 불면증 개선, 소화 촉진 등에 널리 사용되고 있다.

로즈힙 Rosehip

학 명 : Rosa canina
성 질 : 차다.
귀 경 : 폐, 간
사용부위 : 열매
향 미 : 잘 익은 토마토 같은 약한 산미와 달콤한 맛이 난다.

효능

로즈힙은 비타민C가 풍부하여 면역력 강화와 항산화 작용을 통해 피부 건강에 도움을 준다. 이뇨 작용이 있어 체내 불순물을 제거하고, 소화 기관의 염증을 완화시킨다. 두통과 복통, 현기증 완화에도 효과적이다. 또한, 로즈힙은 혈관 건강을 개선하고, 피로 회복을 돕는다.

Story

로즈힙은 장미과 열매의 씨앗을 건조시킨 허브이다. 열매의 색깔은 보통 붉은색이나 오렌지색 계통이다. 로즈힙 오일은 피부 보습과 재생에 도움을 주어 화장품에서도 많이 활용된다. 로즈힙은 '베리계의 다이아몬드'라 불릴 만큼 비타민 함유량이 높아 로즈힙 분말을 사용하여 여드름 및 항노화 피부팩으로 사용하거나 샐러드 소스에 함께 믹스하여 음식으로 섭취할 수 있다. 또한 히비스커스와 함께 음용 시 히비스커스가 로즈힙의 비타민C 체내 보존율을 증가시켜 흡수력을 높여주어 함께 블렌딩하여 섭취하는 것이 효과적이다.

루이보스 Rooibos

학 명	Aspalathus linearis
성 질	평온
귀 경	비위, 폐
사용부위	잎
향 미	목재향과 부드러운 단맛이 난다.

효능

루이보스는 카페인이 없고 항산화 성분이 풍부하여 건강에 매우 유익하다. 강력한 항산화 성분과 항염증 성분을 지니고 있어 염증을 줄이고, 면역력을 강화한다. 차로 즐기면 신경을 안정시키고 스트레스 해소에도 도움이 된다. 또한, 피부 건강과 소화 기능 개선에도 유익하다.

Story

남아프리카에서 자생하는 식물로, 케이프 지역 원주민인 코이산족(Khoisan)이 '불로장수의 차'로 여기며 오랜 세월 동안 차로 마셔왔다.

"루이보스"라는 이름은 아프리카어의 'Rooi(붉다)', 'Bos(덤불)'가 합성된 것으로, 이름처럼 적갈색의 뾰족한 바늘 모양의 잎이다. 그린 루이보스를 산화시켜 레드 루이보스를 만들었다. 18세기 남아프리카의 산악 지대에서는 루이보스를 차로 끓여 마시며 건강을 지키던 전통이 있었다. 이 차는 특히 소화 불량과 알레르기 증상을 완화하는 효과가 있다. 루이보스 차는 이후 유럽에 소개되며 카페인이 없는 건강차로 주목받게 되었고, 지금은 세계적으로 인기를 끌고 있다.

마테 Mate

학   명 : Llex paraguariensis
성   질 : 따뜻하다.
귀   경 : 비위, 폐
사용부위 : 잎
향   미 : 신선한 풀향과 잔디향이 나고 녹차와 비슷한 떫은맛이 있다.

효능

마테는 영양이 풍부하여 피로 회복과 비만 방지에 효과적이다. 항산화 성분이 풍부해 면역력 강화와 염증 완화에 도움이 된다. 장기간 다량 복용 시에는 주의가 필요하다.

Story

마테차는 세르비카라는 식물의 잎을 사용하여 만드는 차로, 카페인 함량이 높아 에너지를 제공하는 데 도움을 준다. 남아메리카의 전통 음료로, 주로 아르헨티나, 브라질, 우루과이 등 남미 지역에서 소비되는 전통적인 차이다. 남미의 과라니족은 마테를 '신의 음료'라고 불렀다. 이들은 마테가 신체와 정신을 강하게 한다고 믿었으며, 전사들은 전투력을 기르기 위해 마테를 마셨다고 한다. 이후 마테는 스페인 정복자들에 의해 유럽으로 전해지며, 활력을 주는 음료로 널리 퍼지게 되었다.

매화 Plum Blossom

학　명 : Prunus mume
성　질 : 차다.
귀　경 : 폐, 간
사용부위 : 꽃
향　미 : 체리의 달콤한 향미와 산미 있는 과실향이 난다.

효능

매화는 해독 및 이뇨 작용이 뛰어나 음주 후 숙취와 갈증 해소에 많이 사용되기도 한다. 매화에는 폴리페놀과 플라보노이드 성분이 함유되어 있어 체내 활성 산소를 제거하고 피부 손상을 방지하며 피부 미용과 항산화 작용에 효과적이다. 또한 노화 방지와 함께 피부 탄력을 증진시키며, 진정 작용이 있어 불안과 스트레스 해소에도 도움이 된다.

Story

동아시아에서 오랫동안 사랑받은 꽃으로, 특히 한국과 중국에서 상징적인 의미가 있는 꽃이다. 추운 겨울에 가장 먼저 피어나는 꽃으로 고결함과 인내의 상징으로 여겨졌다. 중국 당나라 시대의 유명한 시인들은 매화를 소재로 시를 지으며 매화차를 즐겼다고 한다. 매화차는 그 은은한 향과 청량감으로 마음을 맑게 해준다고 여겨져 예술가들 사이에서 인기가 높았다.

매화나무의 열매가 매실인데, 매화꽃을 차로 쓸 땐 매실을 포기한 나무에서 매화를 수확해야 한다. 제초제를 뿌리지 않은 친환경 꽃을 써야 하기 때문이다. 꽃을 채취하는 것도 사다리를 타고 하나씩 따야 하므로 많은 노고와 수고가 따른다.

생매화의 향이 워낙 좋아서, 생매화를 뜨거운 물에 넣어 마시기도 한다.

맨드라미 Cockscomb

학   명 : Celosia crisatata L.
성   질 : 따뜻하다.
귀   경 : 폐, 간
사용부위 : 꽃
향   미 : 붉은빛 수색에 향긋하고 구수하다.

효능

맨드라미는 항염, 항균 작용이 뛰어나 염증 완화에 도움을 준다. 또한, 항산화 성분이 풍부하여 피부 트러블과 노화 방지에 효과적이다. 면역력 강화와 혈액 순환 개선에도 유익하다. 소화 기능 개선에 도움이 되어 배변을 촉진하고, 비타민C와 항산화제가 풍부하여 면역력을 증진하고 질병 예방에 도움을 준다. 또한 간 손상을 회복시켜 간기능을 개선해 주며, 항암효과도 있다.

Story

맨드라미는 생김새가 수탉의 볏과 닮아 계관화, 계두화라고도 한다. 그 독특한 모양과 강렬한 색으로 잘 알려진 꽃이다. 동아시아와 고대 그리스에서 특히 사랑받았으며, 생명력과 풍요의 상징으로 여겨졌다. 고대 중국에서 한 농부가 맨드라미를 먹으면 몸이 건강해진다는 이야기를 듣고, 그 씨앗으로 차를 끓여 마셨는데 이후 그의 체력이 크게 회복되었다고 전해진다. 이로 인해 맨드라미는 장수와 건강을 기원하는 상징적인 식물로 사용되었다.
붉은색이 쉽게 우러나 동치미나 식혜 등을 만들 때 천연 색소로 쓰이기도 한다.

머위 Butterbur

학   명 : Petasites japonicus
성   질 : 차다.
귀   경 : 비위, 폐
사용부위 : 잎
향   미 : 풀향과 부드러운 쌉싸름한 맛이 난다.

효능

머위에는 강력한 항염 물질이 있어 염증을 줄이고, 관절염이나 알레르기성 비염과 같은 염증성 질환을 완화하는 데 도움을 준다. 해독 작용을 하는데 특히 간에서 독소를 제거하는 데 효과적이고 간 기능을 보호한다. 진해 및 거담 효과가 있어, 감기나 천식, 기관지염 등의 호흡기 질환에 유용하게 사용된다. 또한 이뇨 작용을 촉진하여 체내 노폐물을 배출해 신장을 건강하게 한다. 염증 및 항산화 성분 덕분에 피부 질환을 완화하고, 습진이나 건선과 같은 피부 문제에도 자주 사용된다. 또한, 면역력 강화, 신경 안정, 스트레스 해소 등 전반적인 건강 증진에도 유익하다.

Story

머위는 동아시아에서 주로 자라는 식물로, 주로 잎을 식용 또는 약용으로 사용하며, 해독 및 염증 완화 효과로 잘 알려져 있다.
한국과 일본에서 오랫동안 사용되었는데, 고대 한국 왕실에서도 머위를 즐겨 먹으며 건강을 유지했다는 기록이 있다. 피로 회복과 해독 효과 덕분에 왕실에서 귀한 약초로 사용되었다.
머위는 한국에서 흔히 사용되는 식용 식물로, 특히 봄철에 채취하여 다양한 요리에 활용된다. 쌉싸름한 맛이 있어 샐러드, 나물무침, 찌개 등 다양한 요리에 사용되며 한국 전통 음식에서 중요한 역할을 한다. 일본에서도 머위가 봄철 대표적인 채소로 여겨지며, 머윗잎을 찌거나 차로 마셔 건강을 챙겼다.

메리골드 Marigold

학 명	: Tagetes erecta L
성 질	: 따뜻하다.
귀 경	: 폐, 간
사용부위	: 꽃
향 미	: 자연적인 달콤함과 신선한 식물의 향기가 난다.

효능

플라보노이드와 사포닌 성분이 다량 함유되어 있어 항염 작용이 뛰어나 염증 완화에 도움을 주며, 면역력 강화에도 좋다. 항산화 성분이 풍부하여 피부 건강과 노화 방지에도 유익하다. 특히 자외선으로부터 손상된 피부와 미세 주름을 예방하는 데 효과가 있으며, 피부진정효과도 뛰어나 습진, 아토피, 여드름 등 피부질환에 약으로도 사용되며, 민감성 피부의 화장품 재료로도 사용되고 있다.
또한 소화 불량을 개선하는 작용이 있으며, 항염 성분이 위장 내 염증을 줄이고 위염이나 소화장애를 개선시켜 만성위염, 위경련, 위궤양 치료에 효과적이다. 생리통 완화에도 탁월한 효과가 있다. 눈에 좋은 영양소인 루테인과 지아잔틴이 풍부하게 함유되어 있어 시력 보호와 안구질환을 예방하는 역할을 하고 간 해독 작용에 효과적이다.

Story

오랜 세월 동안 약용 및 의식에 사용된 꽃으로, 특히 고대 그리스와 로마에서 사랑받았다. 고대 그리스에서는 영웅의 화관을 만들 때 메리골드를 사용하곤 했다. 떠오르는 태양을 닮았다는 이유에서 중세 유럽에서는 메리골드를 '태양의 꽃'이라 부르며 상처를 치유하고 염증을 가라앉히는 약재로 사용했다는 기록이 있다. 진하고 독특한 향기가 특징인데 이 향기가 해충의 접근을 막기도 한다. 메리골드는 피부염증을 완화하고 피부재생 효과가 뛰어나 피부가 예민하거나 가려움증이 심한 사람은 미스트로 만들어 수시로 사용하면 좋다.

모링가 Moringa

학 명	: Moringa oleifera
성 질	: 평온
귀 경	: 간, 신장
사용부위	: 잎
향 미	: 풋내가 나며 약간의 쓴맛이 난다.

효능

모링가는 '인도의 산삼', '식물계의 종합영양제'로 불릴 정도로 영양소가 풍부하다. 피를 맑게 하고 혈관을 청소하며, 콜레스테롤 수치를 낮춘다. 인슐린을 조절해 당뇨와 혈압 조절에도 효과적이며, 항염 작용이 있어 각종 염증을 줄이고 피부를 보호해 준다. 모링가에는 플라보노이드, 아스코르브산 등 항산화 물질이 풍부하게 함유되어 있어 DNA 변종을 막아주며 세포 손상을 줄여 암을 억제하는 항암효과가 뛰어나며, 면역력을 강화한다. 또한 뇌 건강의 필수 요소인 단백질과 아미노산이 풍부하여 세로토닌 분비를 활성화하는 효능을 가지고 있다. 모링가에 들어있는 퀘르세틴은 혈전을 제거하는 작용이 있어 혈액 순환을 원활하게 도와 심혈관질환 예방에 도움을 준다. 또한 식이 섬유 함량이 높아 노폐물 배출 효과가 뛰어나 변비, 다이어트, 부종 완화에 효과가 있다.

Story

주로 인도, 아프리카, 그리고 동남아시아에서 자라는 나무로, 전통적으로 다양한 질병을 치료하는 약용 식물로 사용되었다. 특히 아유르베다 의학에서 '기적의 나무'로 불리며 300가지 이상의 질병을 치료하는 데 도움이 된다고 전해진다. 인도의 한 전설에 따르면, 한 왕이 모링가를 매일 섭취하여 건강을 유지하고 왕국을 통치하는 데 큰 도움을 받았다고 전해진다. 이러한 효능 덕분에 모링가는 오늘날에도 영양가가 높은 수퍼푸드로 인정받고 있다.

모링가는 캐모마일과 블렌딩하면 캐모마일의 진정 효과와 모링가의 풍부한 영양소가 결합하여 긴장을 풀어주고 편안한 휴식을 도와주는 차로 효과적이다.

목련 Magnolia

학 명	Magnolia Kobus A.P.DC
성 질	따뜻하다.
귀 경	폐, 비위
사용부위	꽃
향 미	달콤하면서도 약간의 쌉싸름한 생강향이 감돈다.

효능

한방에서는 '신이(辛荑)'라고 하며, 항염 작용과 항균 작용이 뛰어나 비염과 기관지염 등 호흡기 질환 치료에 사용하고 있다. 목련은 기침 완화와 기관지 건강에 효과적이다. 또한, 항산화 물질인 폴리페놀 함량이 높아 유해한 물질로부터 세포를 보호하는 역할을 하며, 암, 심장병, 뇌졸중, 천식 등 만성질환 예방과 개선에 큰 도움을 준다. 소화를 촉진하고 몸을 따뜻하게 하는 데 유익하다.

또한 목련은 멜라토닌이라는 수면 유도 호르몬이 풍부하여 두통, 근육통, 생리통 등 통증을 완화시켜 주고, 근육 이완, 심신 안정에 도움을 준다. 생식기능을 개선하여 불임과 난임에도 탁월한 효과가 있다.

Story

목련은 오랜 역사를 가진 식물로, 연꽃을 닮은 꽃이 나무에 피어서 목련이라 불린다. 옛날 북쪽 바다 신을 사랑한 공주가 그의 결혼에 실망해 자살했는데, 죽은 자리에 핀 꽃이 백목련이 되었다는 전설이 있다. 그래서 목련 꽃봉오리는 북쪽을 향해 구부러져 있다고 하는데, 실제로도 해가 난 반대 방향으로 고개를 돌리고 있다.

특히 중국에서 귀하게 여겨졌다. 당나라 시대 한 황실의 정원에는 목련이 심겨있었는데, 황제가 목련의 아름다움과 은은한 향을 사랑했다고 한다. 목련 꽃잎을 차로 우려 마시면 마음을 안정시키고 몸의 균형을 되찾는다고 믿어 황실에서 즐겨 마셨다고 전해진다. 이로 인해 목련은 고급 약재로도 사용되며 귀한 대접을 받았다.

민들레 뿌리 Dandelion Root

학   명 : Taraxacum officinale
성   질 : 차다.
귀   경 : 폐, 비위
사용부위 : 뿌리
향   미 : 곡물을 로스팅한 고소함과 진한 단맛이 난다.

효능

민들레 뿌리는 항산화 작용과 소염작용이 뛰어나 통증 완화에 도움이 되며, 소화 촉진 작용이 있어 변비 개선에 도움을 준다. 비타민, 미네랄, 카로티노이드, 플라보노이드 등의 활성 성분을 함유하고 있어, 간 기능 강화와 해독 작용에 효과적이다. 이뇨 작용을 통해 체내 노폐물을 배출하고, 소화 기능을 개선한다.

Story

들에서 쉽게 볼 수 있는 익숙한 야생식물이지만 뿌리의 좋은 효능으로 인해 많은 관심을 받고 있다. 오랫동안 전통 의학에서 소화 개선과 해독 작용을 위해 사용되어 왔다. 유럽의 중세 시대 수도원에서는 민들레 뿌리 차가 몸을 정화하고 피로를 해소하는 효능이 있다고 믿어 민들레 뿌리를 말려 차로 끓여 마시며 도움을 받았다.

민들레 뿌리는 감초와 매우 잘 어울린다. 감초의 달콤한 맛이 민들레 뿌리의 쌉싸름함을 부드럽게 만들어, 피로 회복과 간 해독을 해주는 동시에 몸을 보(補)하는 차로 즐길 수 있다.

블루베리 잎 Blueberry Leaf

학   명 : Vaccinium spp
성   질 : 평온
귀   경 : 비위, 신장
사용부위 : 잎
향   미 : 상큼하면서도 약간의 쌉쌀한 맛이 있고 달큰하다.

효능

블루베리 잎은 소화 촉진과 항산화 작용이 뛰어나 혈당 조절과 면역력 증진에 효과적이다. 비타민과 미네랄이 풍부하여 전반적인 면역력 강화에 도움이 되며, 체내 염증 완화에도 유익하다.

Story

블루베리 열매 못지않게 건강에 좋은 효능을 가지고 있는 허브로, 북미 원주민들은 블루베리 잎을 차로 끓여 마시며 소화 개선과 상처 치유에 사용했다고 전해진다. 이들은 블루베리 열매뿐만 아니라 잎도 귀한 자원으로 여겼으며, 차로 만들어 몸을 정화하고 면역력을 높이는 데 썼다. 블루베리 잎 차의 맛은 부드럽고 상쾌하여 여름철에는 차갑게, 겨울철에는 따뜻하게 만들어 사계절 내내 마시기 좋다.

뽕잎 Mulberry Leaf

학 명 : Morus alba
성 질 : 차다.
귀 경 : 폐, 간
사용부위 : 잎
향 미 : 부드러운 단맛과 해조류의 풋풋한 향이 있다.

효능

뽕잎은 항산화 물질인 폴리페놀과 플라보노이드가 풍부하게 함유되어 있어 체내 콜레스테롤 대사 작용에 도움을 주고 혈관을 튼튼하게 해주며, 면역력 증진 및 노화 방지, 골다공증 예방에 도움이 된다. 위장 질환, 특히 위염과 위궤양 치료에 효과적이다. 혈당 조절과 콜레스테롤 관리에 유익하다. 또한 뽕잎에 함유된 풍부한 미네랄과 아미노산, 항산화 물질이 면역세포 생성과 면역기능을 돕는다. 고혈압, 뇌졸중, 동맥경화 등의 혈관질환, 치매 같은 성인병을 예방할 수 있으며 당뇨 예방에도 도움이 된다.

뽕잎은 차가운 성질을 가지고 있어, 수족냉증이나 몸이 찬 사람이 과다 섭취할 경우 복통이나 설사를 유발할 수 있으니 유의해야 한다.

Story

뽕잎은 오랫동안 동양의학에서 약재로 사용되어 왔다. 특히 고대 중국에서 장수와 건강을 상징하는 재료로 여겨졌으며, 당나라 황제가 뽕잎을 끓인 차를 즐겨 마셨다는 이야기가 전해진다.

뽕잎과 녹차를 함께 블렌딩해서 음용하면 뽕잎의 은은한 맛과 녹차의 깔끔한 맛이 조화를 이루어 상쾌한 차가 된다. 두 재료 모두 항산화 효과가 뛰어나며, 혈압 안정과 혈당 조절, 해열 작용에 매우 효과적이다.

또한 뽕잎과 감초를 함께 블렌딩하면 감초의 달콤한 맛과 뽕잎의 부드러움이 조화를 이루어, 피로 회복과 건강에 도움을 준다. 이 경우 당뇨환자들은 음용 시 주의해야 한다.

생강 Ginger

학   명 : Zingiber officinale
성   질 : 따뜻하다.
귀   경 : 폐, 비장, 위
사용부위 : 뿌리
향   미 : 톡 쏘는 스파이시함과 달큰한 맛이 있다.

효능

생강은 전통적으로 약재로 사용되어 온 향신료로써, 다양한 생리활성 물질을 함유하고 있다. 생강의 주요 성분인 '진저롤(Gingerol)'은 항염 작용이 강해 염증을 줄이고, 세포를 보호하며 스트레스를 완화한다. 또한 위액 분비를 촉진해 소화 불량, 메스꺼움, 구토를 완화하는 데 매우 효과적이어서 '구토에 명약'이라고 불린다. 특히 여행 중 멀미나 임신 초기의 입덧에도 자주 사용된다. 생강은 면역 시스템을 강화하고 감기나 독감 같은 감염성 질환의 증상을 줄이는 데 도움이 된다. 인슐린 민감성을 개선하여 혈당 수치를 안정시키고, 한기를 없애주고 막힌 경락을 잘 풀어주며, 혈액 순환을 촉진하고 혈압을 낮추는 데 도움을 준다.

Story

생강은 오랜 역사를 지닌 약초로, 동양과 서양에서 모두 건강을 위한 중요한 식재료로 사용되어 왔다. 고대 중국에서는 생강이 소화 불량, 메스꺼움, 감기 예방에 효과가 있다고 여겼고, 중국의 황제들이 장시간의 여행이나 긴 전쟁 중에 생강차를 마시며 기운을 북돋웠다고 전해진다. 특히 몸을 따뜻하게 하고 면역력을 높이는 효능으로 널리 알려져 있다.

생강은 그 따뜻한 성질 덕분에 다양한 차와 잘 어우러지며, 소화 촉진과 감기 예방, 면역력 증진에 도움을 주는 차로 사랑받고 있다.

생강나무꽃 Cornus Flower

학 명 : Lindera obtusiloba
성 질 : 따뜻하다.
귀 경 : 폐, 비위
사용부위 : 꽃
향 미 : 생강 특유의 시트러스한 향이 나지만 맛은 부드럽고 순한 숭늉 같다.

효능

생강나무꽃은 몸을 따뜻하게 하고 해독 작용이 뛰어나다. 소화 기능을 촉진하며, 항염 작용이 있어 염증을 완화하는 데 도움을 준다. 피로 회복과 면역력 강화에도 효과적이다.

Story

생강나무꽃은 나무에서 생강향이 난다고 하여 붙여진 이름이다. 한국과 동아시아에서 오랫동안 약재로 사용된 식물이다. 봄이 되면 노란 생강나무꽃이 피어나는데, 감기 예방과 피로 회복에 효과가 있다고 여겨졌다. 조선시대 왕실에서 생강나무꽃으로 차를 만들어 마시며 건강을 챙겼다는 기록이 있는데 특히 환절기 감기 예방을 위해 즐겨 마셨다고 전해진다.

생강나무꽃은 채취한 지 1년이 지나면 향이 약해져서 빨리 소진하는 게 좋다. 꽃보다 나무의 향이 강해 가지를 덖어 꽃과 함께 마시길 추천한다. 겨울엔 생강나무꽃과 가지, 생강을 어슷하게 썰어서 병에 담고 꿀에 재어 청으로 마시면 감기 예방과 숙면에 좋다.

스테비아 Stevia

학 명	Stevia rebaudiana
성 질	따뜻하다.
귀 경	비위, 폐
사용부위	잎
향 미	강한 단맛과 조금 떫은 끝맛이 있다.

효능

제로 칼로리 천연 감미료로, 체중 감량과 혈당 조절에 효과적이다. 최근 연구에 따르면 고혈당과 고혈압 치료에도 유익하며, 정신적인 스트레스 완화에도 도움이 된다.

Story

스테비아는 남아메리카에서 자생하는 허브로, 그 잎이 자연적인 단맛을 낸다. 파라과이 원주민인 과라니족은 스테비아를 "카헤헤(kaa he-he)"라고 부르며 수백 년 동안 천연 감미료와 약재로 사용해왔다. 쓴맛이 강한 마테차나 다양한 음료에 단맛을 내기 위해서도 사용했다. 16세기 스페인 탐험가들이 과라니족의 전통 음료를 접하면서 스테비아의 존재를 알게 되었고, 이후 이 허브는 서양으로 소개되며 자연적인 감미료로 주목받기 시작했다.

스테비아에 함유된 '스테비오사이드(stevioside)'라는 감미 성분은 설탕의 100배 이상으로 단맛을 내지만 칼로리는 1%밖에 되지 않는다.

스테비아는 자연적인 단맛 덕분에 여러 차와 조화를 이루고, 설탕 대체제로 건강한 달콤함을 제공하는 허브로 사랑받고 있다.

스피어민트 Spearmint

학　명 : Mentha spicata
성　질 : 평온
귀　경 : 폐, 간
사용부위 : 잎
향　미 : 자극이 없는 부드러운 청량감에 순한 풍미가 있다.

효능

스피어민트는 지성 피부와 여드름 치료에 효과적이다. 모공 수축과 함께 피부를 맑고 깨끗하게 해준다. 폴리페놀과 로즈마린산 성분이 풍부하게 함유되어 있어 정신을 맑게 하는 데 도움을 주고, 뇌 건강에도 도움을 준다. 멘톨 성분이 함유되어 있어 신경 흥분성을 감소시켜 불안감 완화 및 스트레스 해소에 효과적이며, 불면증 개선에도 도움이 된다.
카르본이라는 장 경련 방지 효과가 있는 성분이 다량 함유되어 있어 소화 불량과 복부 팽만감 개선에도 유익하다.

Story

학명이 라틴어로 '사고(思考)'를 뜻하는 "멘타(Mentha)"에서 유래되었다. 페퍼민트와 유사한 종으로 비슷한 효능이 있지만, 잎에는 멘톨 함유량이 적어 독성이 없고 자극이 적어 안전하게 사용할 수 있다. 맛이나 기능이 페퍼민트에 비해 순하다. 동양의학에서는 기침, 코막힘, 초기 감기 등과 같은 호흡기 질환이나 피부염, 소화기 계통의 약으로도 사용한다. 소화장애(속쓰림, 역류성 식도염 등)가 있거나 알레르기 반응이 있는 분들은 복용 시 주의해야 한다.

실론 시나몬 Ceylon Cinnamon

학   명 : Cinnamomum verum
성   질 : 따뜻하다.
귀   경 : 비위, 폐
사용부위 : 나무
향   미 : 부드럽고 풍부한 향과 달콤함이 있다.

효능

실론 시나몬은 콜레스테롤 수치 조절과 혈당 조절에 효과적이다. 항염 작용이 뛰어나 염증 완화에 도움을 주며, 소화 기능을 촉진하고 혈액 순환을 개선한다. 또한, 항산화 성분이 많아 전반적인 건강 증진에 유익하다.

Story

실론 시나몬은 세계에서 가장 고급스러운 계피 중 하나로, 스리랑카와 인도 남부 지역에서 주로 재배된다. 공정을 따로 담당하는 '필러'라는 기술자가 있어서 최상의 품질로 생산된다.

고대부터 실론 시나몬은 매우 귀하게 여겨져 왕실과 귀족들 사이에서만 사용될 정도로 가치가 있었다. 고대 이집트에서 미라를 만드는 과정에서 방부제로 사용되었으며, 로마 제국에서는 질병 치료와 향신료로 널리 애용되었다고 전해진다.

실론 시나몬은 달콤한 향과 부드러운 맛으로 다양한 차와 어울린다. 홍차와 함께 블렌딩할 경우 홍차의 깊고 진한 맛에 실론 시나몬의 달콤한 향이 더해져 고급스럽고 풍부한 맛의 차로 즐길 수 있다. 생강과 블렌딩할 경우 생강의 따뜻한 매운맛과 실론 시나몬의 달콤한 향이 조화를 이루어 감기 예방과 소화 촉진에 좋은 차로 매우 효과적이다.

루이보스와 블렌딩하면 달콤하고 부드러운 맛과 향이 깊어지며, 면역력을 증강하고 수면의 질을 높이는 건강차로 즐길 수 있다.

쑥 Mugwort

학　　명 : Artemisia princeps
성　　질 : 따뜻하다.
귀　　경 : 간, 비위
사용부위 : 잎
향　　미 : 쌉쌀하고 약간 쓴맛이 나며 흙향이 난다.

효능

쑥은 해독 작용이 뛰어나며 간 기능을 강화하고 소화 촉진에 도움을 준다. 항염 작용이 있어 염증을 완화하고 면역력을 강화하는 데 도움이 된다. 또한, 생리통 완화와 혈액 순환 개선에도 효과적이다.

Story

동양의학에서 오랫동안 약초로 사용되어 온 식물로, 특히 한국과 중국에서 건강을 지키는 약재로 유명하다. 삼국시대에 쑥과 마늘을 먹으며 고행을 견딘 후 인간이 되었다는 단군신화가 전해지며, 쑥은 건강과 장수의 상징으로 여겨졌다. 소화 촉진, 해독, 면역력 강화 등에 효과가 있어 약차로 널리 사랑받았다.

어린 쑥은 단맛이 있지만 인진쑥이나 개똥쑥의 경우 쓴맛이 강해 차로 마시진 않는다. '약애(藥艾 약쑥)'라고 하여 5월쯤 채취한 쑥의 약효가 가장 좋다. 이후에 난 쑥은 뜸이나 훈증으로 다양하게 활용되어 진다.

연잎 Lotus Leaf

학　　명 : Nelumbo nucifera
성　　질 : 차다.
귀　　경 : 심장, 폐
사용부위 : 잎
향　　미 : 약간의 풀향과 은은한 단맛이 나며, 약간의 쌉싸름함이 더해져 산뜻하다.

효능

연잎은 심신 안정을 돕고 수면 개선에 효과적이다. 항산화 작용이 뛰어나며, 체내 독소를 제거하고 염증을 완화하는 데 유익하다. 또한, 다이어트와 혈당 조절에도 도움이 된다.

Story

오랜 세월 동안 동양 문화에서 건강과 정화를 상징하는 식물로 여겨져 왔다. 특히 중국과 인도에서 연잎은 신성한 의미를 지닌 약재로, 고대부터 심신의 정화와 건강을 유지하는 데 사용되었다. 고대 중국 황실에서 연잎차를 마시며 몸을 해독하고 건강을 유지한 이야기가 있다. 연잎차가 몸을 맑게 하고, 불순물을 제거하는 효능이 있다고 여겨 귀하게 여겼다.

연잎은 심장의 열을 소변으로 배출 시켜주는 작용이 있어 고혈압이나 고지혈증, 독한 항생제나 항암 치료하는 분들에게 물처럼 마시길 권장한다. 1.5~2리터 정도 마시면 독소 배출과 해독 작용을 도와주고 심장의 열을 내려줘서 불면증 개선, 심신 안정에도 도움이 된다.

오렌지필 Orange Peel

학   명 : Citrus sinensis
성   질 : 따뜻하다.
귀   경 : 폐, 비위
사용부위 : 껍질
향   미 : 오렌지향이 나는 신맛과 풋풋한 쓴맛이 난다.

효능

오렌지필은 소화 촉진과 식욕을 증진시키는 작용이 뛰어나다. 진정 작용과 항염 작용이 있어 염증 완화에도 효과적이다. 비타민C가 풍부하여 면역력 강화와 피부 건강에도 도움이 된다.

Story

오랫동안 소화 촉진과 향을 위해 사용되어 온 식재료로, 특히 중국과 유럽에서 사랑받았다. 전통 중국 의학에서는 오렌지 껍질을 말려 차로 끓여 마시며 소화 불량을 개선하고 기력을 회복하는 데 사용했다. 또한, 유럽 중세 시대에는 오렌지 필을 넣은 차가 귀족들 사이에서 향기로운 차로 인기를 끌었다.

오렌지필은 제과용으로 많이 사용해서 설탕에 절인 상태로 분쇄되어 많이 유통된다. 차로 만들어 마실 경우, 유기농 오렌지를 깨끗이 씻어 건조해서 사용하는 것이 좋다.

오렌지필을 홍차와 블렌딩해서 음용할 경우 홍차의 깊은 맛과 오렌지필의 상큼한 향이 조화를 이루어 고급스럽고 풍부한 맛의 차가 된다. 특히 아이스티로도 매우 잘 어울린다.

상쾌하고 달콤한 시트러스향 덕분에 다양한 차와 어우러지며, 소화 개선과 피로 회복에 도움을 주는 재료로 널리 사랑받고 있다.

오미자 Schisandra Fruit

학 명	Schisandra chinensis
성 질	평온, 따뜻하다.
귀 경	폐, 심장, 신장
사용부위	열매
향 미	신맛, 단맛, 짠맛, 쓴맛, 매운맛이 동시에 느껴진다.

효능

오미자는 폐와 신장을 보호하고 심장 기능을 튼튼하게 하여 피로 회복에 효과적이다. 보음(補陰), 거담 작용과 수렴작용이 있어 기침이나 갈증, 다한증과 피부 미용, 기관지 치료에 유익하다. 시잔드린, 시트르산 등의 성분이 있어 심장을 강하게 하고 혈압을 조절해 주고, 신경 안정 효과가 뛰어나 강장제로도 사용한다. 면역력 강화에도 도움이 된다. 더위에 땀을 많이 흘렸을 때 건강 음료로 음용하면 피로 회복에도 좋다.

Story

한국과 중국에서 자주 쓰이는 약용 식물로, 다섯 가지 맛(신맛, 단맛, 짠맛, 쓴맛, 매운맛)을 모두 가지고 있어 오미자라고 불린다. 고대 중국의 전설에 따르면 한 황제가 큰 병에 걸렸을 때, 여러 의사가 그를 치료하지 못했다. 그때 한 현자가 오미자로 만든 차를 제안했고, 이 차를 마신 황제는 기적적으로 병에서 회복되었다고 한다. 이후 오미자는 '생명을 구하는 열매'로 알려지게 되었고, 귀족과 왕실에서 애용하는 약재가 되었다.

오미자와 대추를 블렌딩 하여 음용하기 좋다. 대추의 달콤한 맛과 오미자의 신맛이 독특한 조화를 이룬다. 두 재료 모두 몸을 따뜻하게 하고 피로 회복에 도움을 주는 약재로 탁월하여 겨울철에 마시기 좋다. 오미자는 뜨거운 물에 우리는 것보다 냉침차를 만들어 마시면 더욱 맛이 좋다. 너무 높은 온도에 오랫동안 우리면 쓴맛이 강해져 3분 이하로 우려 마시길 추천한다. 오미자의 맛을 최대한으로 느끼고 싶다면 약봉을 활용해 빻아서 사용하면 된다.

우엉 Burdock

학   명 : Arctium lappa
성   질 : 차다
귀   경 : 비위, 폐
사용부위 : 뿌리
향   미 : 흙내가 나는 구수한 향미

효능

우엉은 면역력 강화와 항산화 작용이 뛰어나다. 소화 기능을 개선하고 혈당 조절에 유익하며, 항염 작용이 있어 염증 완화에도 효과적이다. 또한, 이뇨 작용이 있어 체내 노폐물 배출에 도움을 준다.

Story

동양에서 오랫동안 건강을 위한 약초로 사용되어 온 식물이다. 특히 일본에서는 우엉이 장수를 상징하는 식물로 여겨져 차로 끓여 마시며 건강을 유지하는 데 사용했다. 한 일본 사무라이가 우엉을 매일 섭취한 덕분에 강인한 체력과 장수의 비결을 유지했다고 전해지며, 이후 우엉이 소화와 해독을 돕는 약재로 널리 퍼지게 되었다.

한국과 일본에선 채소요리로 섭취하지만, 유럽과 미국에서는 요리 재료가 아닌 약용 식물로 사용되었다. 티 블렌딩에서는 흙향이 나서 홍차, 보이차와 잘 어울린다.

몸이 찬 경우, 설사를 할 수 있고 속이 더부룩 해지거나 가스가 찰 수 있어 장기 음용은 피해야 한다.

자색고구마 Purple Sweet Potato

학   명 : Lpomoea batatas lam
성   질 : 평온
귀   경 : 비위, 폐
사용부위 : 뿌리
향   미 : 고소하고 달콤하다.

효능

짙은 보라색을 띠는 '안토시아닌' 성분 덕분에 다양한 건강상 이점이 있다. 안토시아닌은 강력한 항산화제로 활성 산소를 제거하고, 세포 손상을 방지하며 노화를 늦추는 데 도움을 준다. 눈 건강에 좋아 시력 보호에 도움이 되며, 눈의 피로를 줄이고 야맹증을 예방한다. 특히 자색고구마는 혈관을 보호하고 혈압을 낮추는 데 도움을 주고, 식이섬유가 풍부하여 장의 연동운동을 촉진하고, 변비를 완화하는 데 도움을 준다. 피부 미용과 노화 방지에도 효과적이다.

Story

자색고구마는 아름다운 보랏빛과 풍부한 항산화 성분으로 주목받는 식재료이다. 세계에서 장수율이 높은 지역 중 하나인 오키나와 사람들은 자색고구마를 즐겨 먹는데 실제로 그들의 건강 비결 중 하나로 평가받는다.

안토시아닌 성분으로 수색도 보라색이라 티 블렌딩에서는 단맛과 고운 수색을 위해 사용된다. 풍부한 항산화 성분 덕분에 다양한 차와 잘 어울리며, 그중에서도 생강과의 블렌딩이 매력적이다. 생강의 따뜻하고 매운맛과 자색고구마의 달콤함이 만나 감기 예방과 면역력 강화에 좋은 차가 된다. 또한 자색고구마 생강 라테로 우유를 넣어 마시면 건강음료나 가벼운 다이어트식으로도 거뜬하다.

자색고구마와 캐모마일을 블렌딩 하면 캐모마일의 진정 효과와 자색고구마의 달콤함이 어우러서 긴장을 풀어주고 편안한 휴식을 도와주는 차로 적합하다.

장미 Rose

학　명	: Rosa hybrida
성　질	: 평온
귀　경	: 폐, 간
사용부위	: 꽃
향　미	: 베리류의 향미가 은은하게 나면서 부드럽고 달큰하다.

효능

장미는 피부 미용과 항산화 작용에 효과적이다. 노화 방지와 함께 피부 탄력을 증진하며, 항염 작용이 있어 염증 완화에도 유익하다. 또한, 스트레스 해소와 기분 전환에도 도움이 된다.

Story

아름다움과 사랑의 상징으로 오랜 세월 동안 사랑받아 온 꽃이다. 장미에 얽힌 가장 유명한 에피소드 중 하나는 클레오파트라가 매혹적인 장미 향기로 방을 가득 채운 후 안토니우스를 맞이했다는 것이다. 이처럼 장미는 역사적으로 로맨스와 귀족적인 취향을 상징하며, 그 향기와 아름다움은 치유와 마음의 안정을 주는 데도 효과적이라 여겨졌다.

특히 여성에게 좋은 효능을 지니고 있는데 폐경이나 변비 등에 효과적이고 비타민C가 많아 노화 방지 및 피로 회복에도 좋다. 특히 장미꽃의 다양한 색상을 내는 안토시아닌은 활성산소를 제거하고 콜라겐 형성을 촉진하며 베타카로틴은 항암효과가 있는 것으로 알려져 있다.

정향 Clove

학 명	: Syzygium aromaticum
성 질	: 따뜻하다.
귀 경	: 비위, 폐
사용부위	: 꽃봉오리
향 미	: 약향이 나는 자극적이고 스파이시한 향미가 있다.

효능

정향은 진정 작용과 항염 작용이 뛰어나며, 통증 완화와 염증 완화에 도움을 준다. 소화를 돕고 항균 작용이 있어 입냄새 제거에도 효과적이다. 또한, 혈액 순환을 개선하고 면역력을 강화한다.

Story

인도네시아 몰루카 제도에서 기원한 향신료로, 오랜 세월 동안 귀하게 여겨져 왔다. 정향은 16세기 유럽에서 매우 높은 가치를 지녀 황금과 같은 가치로 거래되었다. 유럽과 미국에서는 크리스마스가 되면 오렌지에 정향을 꽉 채운 포맨더(pomander)를 만드는 풍습이 있다.

정향에서는 치과를 연상시키는 향이 난다. 중국 역사에 따르면, 한 황제가 관료들이 그와 대화하기 전 정향을 씹어 입냄새를 없애도록 지시했다고 한다. 정향은 강한 향과 항균 작용 덕분에 치유와 요리에 많이 사용되었다. 한방에서 약재로 사용하는 허브로, 예로부터 치통을 진정시키거나, 입안을 국소 마취하는 용도로 사용되었다.

중국 계피 Chinese Cinnamon

학 명	: Cinnamomum cassia
성 질	: 따뜻하다.
귀 경	: 비위, 폐
사용부위	: 나무
향 미	: 은은한 단맛과 나무향의 스파이시한 향

효능

중국 계피는 소화 촉진과 혈당 조절에 효과적이다. 항염 작용이 뛰어나 염증을 줄이고, 몸을 따뜻하게 하여 순환을 돕는다. 혈당 수치를 조절하는 데 도움을 주어 당뇨 관리에도 효과적이다. 또한, 소화 불량과 복부 팽만감을 완화하는 데 유익하며 소화를 도와 위 건강을 유지하는 데 도움을 준다.

Story

오랜 전통을 지닌 약재로, 주로 중국과 동남아시아에서 재배된다. 중국 의학에서 소화 불량, 감기 예방, 몸을 따뜻하게 하는 약재로 오랫동안 사용됐다. 고대 중국에서는 황실에서 중국 계피를 소화제와 기력 회복제로 사용하였으며, 특히 감기나 몸의 기운이 떨어졌을 때 자주 처방되었다고 한다. 한 황제가 피로와 소화 불량으로 고생하던 중, 계피차를 마시고 회복했다는 이야기가 전해진다. 이로 인해 중국 계피는 귀중한 약재로 자리 잡았으며, 여러 질환 예방을 위한 중요한 성분으로 널리 사용되었다. 중국 계피는 따뜻한 성질을 가지고 있고 그 맛이 다양한 차와 잘 어우러지며, 건강 유지와 면역력 강화에 도움을 주는 차로 널리 사랑받고 있다. 달달하고 쌉싸름한 맛이 있어 한국에서는 수정과에 많이 사용된다.

차수국 Hydrangea

학 명	: Hydrangea serrata (Thunb.) Ser.
성 질	: 평온
귀 경	: 폐, 간
사용부위	: 잎
향 미	: 달달하고 향긋한 꽃향이 입안에 감돈다.

효능

차수국은 항염 작용이 뛰어나며 염증 완화에 효과적이다. 진정 작용과 항산화 성분이 풍부하여 신경을 안정시키고 스트레스 해소에도 유익하다. 면역력 강화와 전반적인 건강 증진에 도움을 준다.

Story

한국과 일본에서 주로 자라는 식물로, 그 잎을 우려 만든 차는 독특한 단맛으로 유명하다. 특히, 차수국 차는 부처님 오신 날에 사용되는 전통적인 차로, 부처님께 봉양하고 스님들이 마셨다고 한다. 그 단맛과 상쾌한 향 덕분에 불교 의식에서도 많이 사용되었다.

천연 감미료로 당뇨에 좋다. 감로차, 감차수국, 수국차, 이슬차, 아마차 라고도 불린다. 설탕의 400~1,000배 단맛을 가지고 있어서 차로 마실 땐 조금만 넣어 마셔야 한다.

카르다몸 Cardamom

- **학 명**: Elettaria cardamomum
- **성 질**: 따뜻하다.
- **귀 경**: 폐, 비위
- **사용부위**: 과실
- **향 미**: 청량감 있는 향신료로 자극적인 매운 맛이 난다.

효능

생강과의 식물로 '향신료의 여왕'이라고 불리는 카르다몸은 소화 촉진과 식욕 증진에 효과적이다. 점액 분비를 촉진하여 소화 기관의 건강을 돕고, 항염 작용이 있어 염증 완화에도 도움을 준다. 또한, 신경 안정과 스트레스 해소에도 유익하다.

Story

인도와 중동 지역에서 오랫동안 약용 및 향신료로 사용된 허브이다. 고대 인도에서 왕족들이 카르다몸을 '왕의 향신료'라고 부르며 소화와 기운을 북돋는 차로 즐겨 마셨다. 특히 인도 아유르베다 의학에서 소화를 돕고 호흡을 개선하는 약재로 많이 사용되었다. 중동에서는 커피와 차에 넣어 강력한 향과 풍미를 즐기며, 손님이 오면 환대하는 의미로 카르다몸 커피나 차를 대접하는 전통이 있었다.

캐모마일 Chamomile

학 명 : Matricaria recutita
성 질 : 따뜻하다.
귀 경 : 폐, 비위
사용부위 : 꽃
향 미 : 상쾌한 사과향과 부드러운 단맛이 있다.

효능

캐모마일은 사과향이 나는 국화과 식물로 피로 회복과 소화 개선에 탁월하다. 냉증과 습진, 신경 안정 및 불면증 완화에 도움을 주며, 살균, 소독 작용이 있어 피부 진정 효과가 뛰어나 미용 제품으로도 많이 사용된다. 항산화 성분이 풍부하여 체내 염증을 억제하고, 스트레스 해소에도 효과적이다.

Story

고대 그리스에서 '땅 위'를 뜻하는 "카마이(kahamai)"와 '사과'나 '과일'을 뜻하는 "멜론(melon)"을 합성해 '땅 위의 사과'를 뜻하는 "카마이멜론(khamaimelon)"이라 불러 캐모마일이라는 이름을 갖게 되었다. 초롱꽃목 한해살이풀의 허브로 원산지는 영국이다.

'천연 진정제' 또는 '수면 영양제'라고 불리는 캐모마일은 아피제닌이라는 수면을 유도하는 물질이 특정 수용체에 결합하여 이완을 촉진하고 불안을 줄여줌으로써 수면의 질을 향상 시켜주고 스트레스를 완화하는 작용을 한다. 따라서 아피게닌 성분이 다량 함유된 자몽과 함께 블렌딩 하여 차로 음용할 경우 스트레스로 인한 불면증, 불안증 등에 매우 효과적이다.

'카모아줄렌'이 풍부하게 함유되어 아토피, 두드러기 등 피부염 같은 피부질환의 염증을 완화하는 작용이 있다. 임산부나 알레르기 등 체질에 맞지 않는 분들은 음용 시 주의해야 한다.

코리앤더 씨 Coriander Seed

학 명 : Coriandrum sativum
성 질 : 평온
귀 경 : 비위, 폐
사용부위 : 종자
향 미 : 강하지 않은 스파이시함과 라임의 향미가 있다.

효능

코리앤더 씨는 역류성 식도염과 변비 해소에 효과적이다. 과식 후의 체증과 복부 팽만감을 완화하며, 소화 기능을 개선한다. 항균 작용이 있어 감염 예방에도 유익하다.

Story

코리앤더는 고대 이집트 시대부터 다양한 문화에서 약용 및 요리 재료로 사용된 향신료이다. 코리앤더 씨가 소화를 돕고 체내 독소를 제거하는 데 유용하다고 믿어, 파라오의 무덤에 함께 묻을 만큼 귀중하게 여겼다. 또한, 고대 그리스와 로마에서는 코리앤더 씨를 식후 차로 마셔 소화를 촉진하고 몸을 정화하는 용도로 즐겼다고 전해진다.

베트남 쌀국수에 많이 넣어 먹는 고수의 씨앗으로 잎과 씨의 향이 다르다. 중동 고기 요리나 인도 커리, 피클, 빵 등 다양한 요리에 사용된다.

페퍼민트 Peppermint

학 명	: Mentha piperita
성 질	: 차다
귀 경	: 폐, 비위
사용부위	: 잎
향 미	: 싱그러운 풀향. 달콤하면서도 톡 쏘는 느낌이 특징

효능

페퍼민트에는 섬유질과 단백질이 매우 풍부하게 함유되어 있으며, 미네랄과 항산화 성분이 풍부하다. 페퍼민트의 강력한 항산화 기능은 노화를 일으키는 활성산소를 억제시켜 세포를 재생시키는 역할을 함으로써 항노화에도 효과적이다. 항균, 항염, 소화 촉진에 뛰어난 효과가 있다. 위장병과 두통, 신경통 완화에 도움이 되며, 소화 불량과 복부 팽만감을 해소한다. 또한, 청량감 있는 향으로 스트레스 해소와 집중력 향상에 유익하다. 피부염과 구강 청결에도 사용된다.

Story

꿀풀과에 속하는 여러해살이풀로 그리스·로마 시대부터 몸의 정화제, 살균제, 구강 청결제로 사용되었다고 한다. 멘톨 향기가 강해 정신적 스트레스로 오는 위장 장애의 개선에도 큰 효능이 있다. 약재로도 많이 사용되고 있는데 '천연 해열 두통약'이라고 할 만큼 열을 내리고 두통을 완화하는 데 큰 효과가 있어 감기 예방차나 초기 감기차로 응용하여 마실 수 있다. 페퍼민트는 방향성(芳香性)을 가진 허브이기 때문에 블렌딩 차로 음용할 경우 짧게 우려내거나 나중에 넣어 우리는 것이 효능을 극대화하는 방법이다.

펜넬 Fennel

학 명: Foeniculum vulgare
성 질: 따뜻하다.
귀 경: 비위, 폐
사용부위: 과실(씨앗)
향 미: 채소 육수의 단맛과 스파이시한 향이 있다.

효능

펜넬은 소화 불량 해소와 모유 분비 촉진에 효과적이다. 생선 요리에 잘 어울리며, 소화를 돕고 복부 팽만감을 완화한다. 또한, 항염 작용이 있어 염증을 줄이고, 항산화 성분이 풍부하여 전반적인 건강 증진에 도움이 된다. 모유가 잘 나오게 하는 '채유 작용'으로 유명하다.

Story

고대 이집트 시대에 쓰인 파피루스 문헌에 등장한, 역사가 깊은 약용 허브다. 주로 생선의 비릿함을 잡아주는 용도로 요리에 사용되고, 주류에 풍미를 가하는 용도로도 사용되기도 한다.

특히 고대 그리스와 로마에서는 펜넬을 용맹과 힘을 상징하는 식물로 여겨, 그리스 전사들이 전투 전 펜넬 씨를 먹거나 차로 마시며 기운을 북돋웠다고 전해진다. 또한, 소화 촉진과 건강에 도움을 주는 것으로 알려져 로마인들이 파티 후에 펜넬 차를 마셨다고 한다.

해당화 Sweetbrier

학 명 : Rosa rugosa THUNB
성 질 : 따뜻하다.
귀 경 : 간, 폐
사용부위 : 꽃
향 미 : 산딸기 같은 상큼한 맛과 향이 나고 부드럽고 달콤하다.

효능

해당화는 항산화 작용과 항염 작용이 뛰어나며, 노화 방지와 피부 건강에 효과적이다. 로자닌 성분이 함유되어 있어 고지혈, 고혈압, 고혈당, 중성지방 등 각종 성인병을 억제하는 데 도움이 된다. 면역력 강화와 함께 염증 완화에 유익하며, 진정 작용이 있어 불안과 스트레스 해소에도 도움이 된다.

Story

한국과 일본에서 자주 볼 수 있는 아름다운 꽃으로, 그 향기와 약효로 인해 오래전부터 사랑 받아 왔다. 특히 한국에서는 바닷가에서 흔히 자라 '해변의 장미'라고 불리며, 고려 시대 한 왕이 해당화 향기에 이끌려 그 꽃을 궁에 심었다는 이야기가 전해진다. 해당화는 아름다움뿐만 아니라 해열, 진정, 소염 효과가 있어 약재로도 사용되었다.
밤에 소변을 자주 보거나 설사할 때 꾸준히 마시면 증상이 완화되는 것을 느낄 수 있다.

허니부쉬 Honeybush

학　　명 : Cyclopia
성　　질 : 따뜻하다.
귀　　경 : 비위, 폐
사용부위 : 잎
향　　미 : 달콤한 꿀향과 부드러운 맛이다.

효능

허니부쉬는 루이보스와 유사한 효능을 지니며, 비타민C, 칼륨, 칼슘, 마그네슘이 풍부하다. 무카페인에 타닌 함유량이 적어 소화 기능을 개선하고, 항산화 성분이 많아 면역력 강화와 피부 건강에 유익하다.

Story

남아프리카에서 자생하는 식물로, 노란 꽃을 피우는데 꿀처럼 달콤한 향이 나서 허니부쉬라는 이름이 붙여졌다. 허니부쉬는 루이보스와 함께 남아프리카의 전통 허브차로 사용되었으며, 현지 원주민들이 주로 호흡기 질환과 감기 완화를 위해 즐겨 마셨다고 한다. 19세기 유럽으로 수출되면서, 그 달콤한 향과 부드러운 맛이 주목받았고, 특히 면역력 강화와 소화 촉진에 효과적이라 건강차로 인기를 끌게 되었다.
티 블렌딩에서 감칠맛을 내주는 역할로 어떤 재료와도 잘 어울려 다채롭게 사용되고 있다.

현미 Brown Rice

학   명 : Oryza sativa
성   질 : 따뜻하다.
귀   경 : 비장, 위
사용부위 : 곡식
향   미 : 구수한 단맛과 감칠맛이 있다.

효능

현미는 당 지수가 낮아 혈당을 천천히 상승시켜 당뇨 예방과 관리에 도움이 된다. 불포화지방산과 식이섬유가 풍부해, 콜레스테롤 수치를 낮추고 심장 질환을 예방하는 데 효과적이다. 식이섬유는 장의 연동운동을 활발하게 해 소화기를 건강하게 유지하고 변비를 예방하며, 포만감을 오래 지속시키므로 과식을 방지하며, 다이어트에 유익하다. 또한 현미에는 폴리페놀의 일종인 페룰산과 같은 항산화 물질이 있어, 세포 손상을 방지하고 염증을 줄여준다.

Story

현미는 벗겨내지 않은 통곡물로, 백미에 비해 영양소가 훨씬 많이 남아 있어 건강한 식재료로 오랜 시간 동안 사랑받아 왔다. 조선시대 왕실에서는 현미를 귀한 건강식으로 여겼다고 한다. 특히 한 왕이 소화 불량과 피로로 고생하던 중, 현미를 주재료로 한 죽을 먹고 건강을 회복했다는 이야기가 전해진다. 이후 현미는 귀족들 사이에서도 건강 유지와 체력 증진을 위한 식재료로 널리 사용되었다. 현미는 섬유질과 비타민이 풍부해 소화 촉진과 피로 회복에 탁월하다.

현미는 녹차와 궁합이 잘 맞는다. 녹차의 상쾌한 맛과 현미의 고소한 맛이 어울려 '현미녹차'로 즐기기 좋다. 항산화 효과가 뛰어나며 소화에 도움을 준다.

호박 Pumpkin

학　　명 : Cucurbita spp.
성　　질 : 따뜻하다
귀　　경 : 비위, 폐
사용부위 : 열매
향　　미 : 구수한 향과 달큰한 맛이 난다.

효능

다량의 비타민과 미네랄을 함유하고 있어 건강에 매우 이로운 채소이다. 풍부한 베타카로틴이 체내에서 비타민 A로 전환되어 눈 건강을 보호하고, 면역력을 강화하며, 피부 건강에도 도움을 준다. 베타카로틴과 비타민C가 항산화제로 작용해 세포 손상을 방지하고, 염증을 줄이며, 노화와 암 예방에도 도움이 될 수 있다.

섬유질이 많아 칼로리가 낮고 포만감을 주며, 장운동을 촉진하고, 소화를 원활하게 하며, 변비를 예방하고, 체중 감량을 돕는 데 유익하다. 또한 칼륨이 풍부해 나트륨 배출을 도와 혈압을 조절하는 데 도움을 준다. 비타민과 미네랄도 풍부하여 전반적인 건강 증진에 도움을 준다.

Story

박과의 덩굴식물. 호박은 미국 원주민들의 귀중한 식재료였다. 1621년 미국 첫 번째 추수감사절에 호박이 중요한 음식으로 등장했다. 당시 원주민들이 유럽 이주민들에게 호박을 제공하며 그들의 생존을 도왔다고 전해진다. 그 후로 호박은 미국에서 상징적인 음식이 되었으며, 특히 가을철에 즐기는 주요 식재료로 자리 잡았다. 호박은 영양가가 높고, 비타민과 미네랄이 풍부해 다양한 건강 효과가 있다.

그 달콤하고 부드러운 맛 덕분에 다양한 차와 잘 어우러지며, 특히 몸을 따뜻하게 해주고 소화에 도움을 주며 부기를 빼주는 차로 사랑받고 있다. 호박차의 주재료는 늙은 호박으로, 부종 개선에 좋아 다이어트를 하는 분들이나 산모들이 섭취하면 도움이 된다.

히비스커스 Hibiscus

- **학　　명** : Hibiscus sabdariffa
- **성　　질** : 차다
- **귀　　경** : 폐, 간
- **사용부위** : 꽃받침
- **향　　미** : 날카롭고 강한 신맛이 있다.

효능

히비스커스는 강렬한 붉은 색과 새콤한 맛 덕분에 차 블렌딩에 자주 사용되며, 비타민C가 풍부해 면역력 강화, 혈압 조절, 소화 개선 등 다양한 효과를 지니고 있다. 또한 다이어트와 모발 강화에 효과적이어서 탈모 예방에도 도움이 된다. 로션이나 린스로 사용 시 보습 효과가 있으며, 피부와 두피 건강을 개선한다. 항산화 작용이 뛰어나 체내 노폐물 제거와 염증 완화에 도움을 준다.

Story

대부분 히비스커스를 꽃으로 알고 있지만, 사실은 '꽃받침=꽃잎'이다. 주로 열대 및 아열대 지역에서 자란다. 꽃이 핀 직후 꽃받침이 부풀어 올라 손으로 하나하나 채취해야 한다. 자칫 시기를 놓치면 섬유질이 생겨서 채취가 힘들어진다.

히비스커스 차는 이집트와 아프리카 지역에서 오랫동안 사랑받아 왔으며, 건강에 이로운 성분들이 많아 약용으로 사용되었다. 고대 이집트 파라오들이 '칼카데(Karkade)'라고 부르며 즐겨 마셨다는 기록이 남아 있다. 몸을 시원하게 해주는 성질이 있어 사막 기후에서 특히 유용하게 여겨졌다.

히비스커스는 로즈힙과 잘 어울린다. 로즈힙의 상큼한 맛과 히비스커스의 새콤한 맛이 만나 시너지 효과를 낸다. 두 차 모두 비타민C가 풍부해 면역력을 높여주며 피로 회복에 탁월하다. 페퍼민트와 블렌딩할 경우 히비스커스의 새콤함과 페퍼민트의 상쾌함이 어우러져 청량감을 주며 해열 작용, 피부 염증에 도움을 준다. 더운 날씨에 아이스티로 마시면 더 좋다. 다양한 차와 어울려 각기 다른 매력을 발산하는 허브이다.

Thanks to…

힘든 시간을 잘 버틸 수 있도록 도와준 많은 사람들에게
감사의 마음을 전합니다.
첫 시작부터 늘 아낌없이 정성스런 티푸드와 콤부차 클래스를
해주시는 달퐁디저트(@daldal_pongpong) 선생님.
따뜻한 격려와 응원을 아낌없이 주시는
모니카팜(@monicafarm107) 대표님.
멋진 사진을 찍어 주신,
최고의 사진작가 스튜디오 잭스(@studiojax_) 작가님.
이 길을 함께 걸어가 주시는 한국티마스터협회 이사님들과
지부장님들.
그리고…
끝까지 믿고 지원해 준 가족들에게 감사의 마음을 전합니다.

TEA BLENDING GARDENER
티 블렌딩 정원사

초판 발행 | 2024년 10월 15일
2쇄 발행 | 2025년 12월 22일

지 은 이 | 박세미, 김태은

펴 낸 이 | 박세미
책임편집 | 이지은
디 자 인 | 이보다나
사진촬영 | 스튜디오 잭스 @studiojax_
촬영장소 | 판교 모니카팜 @monicafarm107
인 쇄 소 | (주)거호

펴 낸 곳 | 케이티엠에이 북스(KTMA BOOKS)
등록번호 | 제2024-000039호
주   소 | 경기도 과천 별양동 1-21 힐스테이트과천청사역 1610호
도서문의 | 010-6322-8051

ISBN 978-89-6237-360-8 03230